Herderbücherei

Band 1756

Über das Buch

Die Situation der heutigen Gesellschaft bringt es mit sich, daß Liebe, Ehe und Partnerschaft zweier Menschen manch äußere Stützen entbehren müssen und sie um so mehr auf sich selber verwiesen sind. Christlicher Glaube ist aufgerufen, Sinn und Lebenshilfe gerade auch für die Lebens- und Weggemeinschaft einer Ehe aufzudecken und glaubwürdig zu vermitteln. Dabei ist einzuräumen, daß kirchliche Bemühungen um diese pastorale Aufgabe bisher eher gering ausgefallen sind im Vergleich zu all den Energien, die in die Diskussionen um Ehe- und Sexualmoral investiert wurden. Beinahe neu gilt es zu entfalten, wie der christliche Glaube Hilfe für das Gelingen einer Ehe in sich birgt, und Perspektiven aufzuzeigen für Menschen, deren Partnerschaft zu scheitern droht oder zerbrochen ist.

Der Autor

Dieter Emeis, geboren 1933 in Flensburg; Dr. rer. nat., Dr. theol. nach den Studien der Zoologie und der Theologie; Tätigkeit als Kaplan, Religionslehrer und in der Erwachsenenbildung; Habilitation in Pastoraltheologie 1972 in Münster; 1972 Professor an der Ruhr-Universität in Bochum und 1975 an der Westfälischen Wilhelms-Universität Münster für Pastoraltheologie und Katechetik. – Zahlreiche Veröffentlichungen zu Fragen des Glaubens heute, der Pastoral und Katechese.

Dieter Emeis

Des Lebens Ruf heißt Liebe

Liebe, Ehe, Partnerschaft

Herderbücherei

Neuausgabe
überarbeitet und ergänzt

Herstellung: Freiburger Graphische Betriebe 1992
Umschlagmotiv: Friedensreich Hundertwasser,
Insel der verlorenen Wünsche;

ISBN 3-451-08756-1

Inhalt

Vorwort

Die Situation der Ehe in unserer Gesellschaft ist davon geprägt, daß ihr viele äußere Stützen genommen sind und sie darum sehr viel mehr auf ihre innere Lebendigkeit angewiesen ist. Zugleich wirkt sich die Sinnentleerung und Brüchigkeit vieler zwischenmenschlicher Beziehungen dahingehend aus, daß viele wenigstens in der Ehe Sinn und Gemeinschaft suchen. Nicht selten wird die Ehe mit der Erwartung überfordert, in ihr das finden zu können, was sonst verlorengegangen ist. Diese Situation fordert die Christen heraus, den Lebenssinn und die Lebenskraft ihres Glaubens gerade auch für die Ehe aufzudecken und zu vermitteln. Andererseits muß zugestanden werden, daß die kirchlichen Bemühungen um diese Aufgabe im Vergleich zu Energien, die an die Diskussion um die Ehemoral als Sexualmoral gewandt wurden, bisher eher gering ausgefallen sind. Vielfach muß erst neu entdeckt werden, wie der christliche Glaube Hilfe zum Gelingen von Ehe in sich birgt. Diese Wahrnehmung soll mit den Anregungen dieses Buches gefördert werden. Sie sind entstanden im Kontakt mit heutigen christlichen Ehen, versuchen also eine Ehetheologie, die an ehelichen Lebenserfahrungen orientiert ist.

Ohne daß immer näher darauf eingegangen wird, steht im Hintergrund der Kapitel die Einsicht, daß die Ehe in unserer Situation eine im Vergleich zu früher besonders anspruchsvolle Gestaltungsaufgabe darstellt. Dies sei mit einigen Stichworten signalisiert:

- der Wandel der Geschlechterrollen und die Unsicherheiten, die dieser Wandel mit sich bringt,
- die Vervielfältigung der Lebenswelten und deren Auseinandertreten, so daß die Ehepartner oft nur einen kleinen Teil ihres Lebens unmittelbar miteinander teilen, während doch alle ihre Lebenswelten – untereinander konkurrierend – in ihre Gemeinschaft hineinwirken,
- die allgemein fortschreitende Individualisierung der Lebenswege, die es Menschen auch in der Ehe schwerer macht, sich aufeinander einzulassen und eine verbindliche Gemeinschaft zu bilden,
- die Gefahr einer Isolierung der Ehe und, damit verbunden, die Gefahr ihrer Überforderung.

Im Blick auf diese Voraussetzungen kann es für die Ehe wichtig sein, daß die Partner nicht nur innerhalb ihrer Beziehung über die Gestalt der Ehe sprechen, sondern auch im Erfahrungsaustausch mit anderen Ehen stehen. Daraus entsteht der Wunsch, die Hinweise dieses Buches möchten

Ehen und Ehepaarkreise von Christen zum Gespräch anregen. Christliche Glaubensgemeinschaft ist uns geschenkt und aufgegeben als die Alternative zu einer Lebensart, in der die Menschen einander immer mehr allein lassen und nicht mehr miteinander, sondern fast nur noch nebeneinander hergehen.

Auf einige Grenzen dieser Anregungen sei hingewiesen:

– Jede Ehe ist eine eigene Geschichte zweier Menschen miteinander. Und jede christliche Ehe ist eine eigene Geschichte von Menschen mit dem Gott ihres Glaubens, ihrer Hoffnung und ihrer Liebe. Wie Leser dieser Versuche ihre Beziehung zueinander in der Ehe und ihre glaubende Beziehung zu Gott bisher erfahren haben und im Augenblick erfahren, kann sehr unterschiedlich sein. Darum können Verweise auf Erfahrungen – in der Ehe und im Glauben – nicht in alle möglichen Situationen hineintreffen. Sie wollen aber anregen, für eigene Erfahrungen aufmerksam zu werden, sich auf neue Erfahrungen einzulassen und dabei die Geschichte miteinander in der Ehe auch als Geschichte mit Gott zu leben.
– Diese Anregungen können Hilfen partnerschaftlichen Lernens nicht ersetzen, wollen aber wohl christliche Beweggründe vermitteln, einen verstehenden und annehmenden Umgang in der Ehe lernend einzuüben.

- Vielleicht wird vermißt, daß die Bedeutung gemeinsamer Kinder für die Ehe nicht näher entfaltet wird. Doch sollte auch um der Kinder willen einmal die eheliche Beziehung in der Mitte der Betrachtung bleiben; denn wo die Ehe ihrer Eltern gelingt, kann Kindern anschaulich werden, wie gegenseitige Lebenshilfe verwirklicht werden kann. Und eine glückende eheliche Beziehung hilft den Eltern, für ihre Kinder da zu sein, ohne sie mit Erwartungen zu überfordern und an sich zu binden.
- Immer mehr Christen werden in einer Ehe mit einem Menschen verbunden sein, der nicht Christ ist. Dieses bedeutet eine besondere Herausforderung des Glaubens. Erfahrungen damit werden bisher nur sehr anfanghaft in der Kirche ausgetauscht. Vielleicht können Christen ohne Glaubensgemeinschaft mit ihrem Ehepartner die eine oder andere Anregung aus diesem Buch auf ihre Situation beziehen und mit ihrem nichtchristlichen Partner oder anderen Christen besprechen.

Leserinnen mögen Nachsicht damit haben, daß um der besseren Lesbarkeit willen nicht die Schreibart Partner/innen oder Christ/innen usw. gewählt wurde. Sie mögen sich als „Partner“ und „Christen“ angesprochen und geachtet sehen.

Und noch ein besonderer Wunsch: Mögen Christen aus unterschiedlichen Konfessionen, die gemeinsam Ehe leben, in diesen Anregungen finden, daß sie nicht eigentlich Mischehen sind, sondern Ehen von Christen, die in ihrer Hoffnung und in ihrer Liebe von einem gemeinsamen Glauben getragen werden.

Dieter Emeis

1

Sich im Glauben zur Ehe ermutigen lassen

Vor den einzelnen Anregungen der folgenden Kapitel soll hier versucht werden, kurz den Zusammenhang aufzuzeigen, in dem diese Anregungen begründet sind.

In aufrichtig geführten Gesprächen über Erfahrungen, die in der Beziehung zwischen Mann und Frau gemacht werden, kann meistens eine doppelte Übereinstimmung erzielt werden:

Die erste Übereinstimmung ist die, daß mit der Beziehung von Mann und Frau *Hoffnungen* verbunden werden. Meistens wird erhofft, daß die Beziehung von Dauer sein möge. An ein mögliches Ende der Beziehung wird nicht gedacht wie an ein schmerzloses Auseinandergehen, sondern wie an ein Scheitern, mit dem auch Trauer über das Mißlingen einer gesuchten Gemeinsamkeit verbunden wäre. Und meistens wird erhofft, daß die Beziehung erfüllt ist von einer umfassenden gegenseitigen Annahme. Die sexuelle Gemeinschaft soll ausdrücken und bewirken, daß man nicht allein und einsam ist, sondern einen Menschen hat, mit dem man Freude und auch Not teilen kann.

Die zweite Übereinstimmung ist die der *Sorge* oder sogar des Zweifels, ob diese Hoffnungen realistisch und erfüllbar sind. Zumindest wird erfahren, wie jede Beziehung auch davon bedroht ist, daß sie nicht hält und nicht menschlich gefüllt wird. Das Risiko scheint groß, einander zu enttäuschen. Es ist ein Wagnis, einander eine Zukunft zuzusagen, die unsicher ist und bleibt. Zu leicht läßt sich der Verdacht begründen, daß das, wonach der Mensch sich sehnt – eine heile Welt –, auch in der Ehe nicht zu finden ist.

Beide Erfahrungen greift die gläubige Sicht der Ehe auf; sowohl die Erfahrung mit der Sehnsucht nach einem Gelingen einer dauernden und umfassenden Beziehung zwischen Mann und Frau als auch die Erfahrung, daß diese Beziehung vom Mißlingen bedroht ist und auch tatsächlich mißlingen kann.

In der Erfahrung, daß mit der Gemeinschaft von Mann und Frau Wünsche verbunden sind, die der Mensch in sich nicht einfach abstellen kann, sieht der Glaube ein Zeichen dafür, daß der Mensch *Geschöpf* ist. Der Mensch, der sich nicht selbst ausgedacht, gewollt und erschaffen hat, findet in der Sehnsucht, die in ihm lebt, Zeichen dafür, wozu er gedacht, gewollt und erschaffen ist – von Gott. Darauf muß er sich einlassen, wenn ihm sein Leben gelingen soll – auch in der Gestaltung der Beziehung von Mann und Frau. Gott hat etwas damit gemeint, daß er den Menschen als Mann und Frau erschuf. Daran erinnert er den Menschen durch die in ihm sich immer wieder meldende Sehnsucht.

Dies bringt z. B. die Glaubenserzählung zum Ausdruck, die vom Anfang spricht, um von einer Wahrheit im Grunde des Lebens Zeugnis zu geben. Sie beginnt mit dem Satz: „Es ist nicht gut, daß der Mensch allein sei." So ist der Mensch also nicht, daß er sich selbst genügen und sein Leben einsam zur Entfaltung bringen könnte. Der Mensch braucht Gemeinschaft, Austausch, ein Leben im Miteinander und Füreinander. Das gilt nicht nur im Blick auf die Ehe; aber die Anlage des Menschen auf Gemeinschaft hin findet ihren besonderen Ausdruck in der einzigartigen Weise, in der der Mensch als Mann und Frau zur gegenseitigen Ergänzung befähigt wird. Darum läßt die Erzählung Gott weitersprechen: „Ich werde ihm eine Hilfe schaffen, die ihm entspricht." Eine Gemeinschaft ist offenbar gemeint, die Lebenshilfe ist. Menschsein bedeutet, einander leben zu helfen. Leben gelingt, wo der Mensch dem Menschen leben hilft und sich in seinem Leben vom anderen Menschen helfen läßt. Darum sind Mann und Frau so geschaffen, daß sie auf einzigartige Weise einander entsprechen, Beziehung zueinander aufnehmen, Gemeinschaft miteinander bilden, zur Lebenshilfe füreinander werden können. Dazu gehört auch die Lust aneinander. Wo diese aber als einziges Prinzip der Beziehung isoliert wird von der umfassenden Berufung, einander aus dem verarmenden und bedrohlichen

Alleinsein zu retten in den Reichtum und Schutz der Lebensgemeinschaft, wird die Wahrheit über den Menschen verfehlt.

Ziel der Fähigkeit von Mann und Frau, einander zu entsprechen, ist ihre Einheit im Leben. „Darum verläßt der Mann Vater und Mutter und hängt seiner Frau an, und sie werden zu einem Fleisch." Mit „Fleisch" ist in der Sprache der Bibel das Ganze des Menschen gemeint. Mann und Frau sind also füreinander geschaffen, damit sie mit allen ihren Kräften, einander zu ergänzen und einander leben zu helfen, zusammenfinden in einer gemeinsamen Lebensgeschichte. Wenn der Mensch die Lebensmöglichkeiten der Ehe ergreift, geht er auf eine Begabung ein, die in ihn hineingeschaffen ist. Eine Ehe im Glauben eingehen meint: sich dieses Zeugnis von Menschen zusagen lassen; sich darauf einlassen; die Vertrautheit von Glaubenden vor uns mit der Hoffnung des Menschen etwas gelten lassen und dadurch selbst mit der eigenen Hoffnung vertraut werden.

Auch die Erfahrung mit Ehen, die vom Mißlingen bedroht waren und tatsächlich mißlungen sind, haben Menschen vor uns gemacht und im Glauben gedeutet. Die gleiche Erzählung der Bibel, von der eben die Rede war, überliefert auch die Vertrautheit mit der lastenden Wahrheit, *daß sich die Geschichte des Menschen nicht unbeschadet entfaltet hat und daß davon auch des Menschen Fähigkeit zur Ehe berührt wird.* Die

Menschen können die Vertrautheit mit ihrem Lebensgrund verlieren, gegeneinander antreten und sich selbst und einander fremd werden. Und dies alles kann nicht nur geschehen, es ist auch tatsächlich geschehen und geschieht immer wieder. Die Geschichte der Menschen mit ihrem Gott und miteinander wurde auch zu einer Geschichte verweigerter Beziehungen. So wird der Mensch hineingeboren in eine Menschheit, die daran leidet, daß so vieles an menschlicher Gemeinsamkeit nicht gewollt wird und auch dort, wo Menschen miteinander und füreinander leben wollen, die Gemeinsamkeit so schwer werden oder sogar mißlingen kann. Diese schmerzliche Wunde der Menschheitsgeschichte verletzt auch des Menschen Fähigkeit zur Ehe. Der Mensch findet sich nicht mehr so vor, daß die Beziehung zwischen Mann und Frau ohne Behinderung glückt und ohne Widerstand zur Lebensgemeinschaft findet. Es gibt also Gründe zum Mißtrauen, ob der Mensch so ohne weiteres zur Ehe geeignet ist. Das gilt auch in der Sicht des Glaubens. Zu fragen ist, ob es trotz der Gründe zum Mißtrauen noch stärkere Gründe zum Vertrauen im Glauben gibt.

In der Geschichte des Glaubens geben Menschen weiter, wie sie ihren Gott als den erfahren haben, der mit Macht und Erbarmen immer wieder Wege öffnet, auf denen seine Geschichte mit den Menschen und darin die Geschichte der Menschen miteinander doch noch gelingen kann und gelingen soll. Immer neu nimmt er Beziehung auf zu den Menschen und ruft er sie an, ihr Miteinander in Gerechtigkeit und Frieden zu suchen und zu verwirklichen. So hält er auch die Sehnsucht nach dem, was Ehe meint, im Menschen nicht lebendig, um ihn mit einer unerreichbaren Utopie zu quälen. Er gibt damit vielmehr ein Zeichen, wie ihm in Treue daran liegt, daß des Menschen Leben auch in der Beziehung zwischen Mann und Frau trotz allem doch noch gelingt. Eine Ehe im Glauben eingehen und leben meint dann zunächst allgemein: sich nicht entmutigen lassen durch die Erfahrungen, die gegen die Ehe sprechen, sondern der Sehnsucht nach einer dauernden gegenseitigen Lebenshilfe Raum geben; und dies im Vertrauen, daß diese Sehnsucht von dem spricht, was Gott will und was er dem Menschen auch möglich macht.

Für Christen bekommt das, was Gott will und dem Menschen möglich macht, anschauliche Gestalt und tragende Kraft in der Person Jesu Christi. Für die Ehe im Glauben ist dabei nicht nur wichtig, was er direkt über die Ehe sagt, sondern das Ganze seines Wirkens und seines Weges. Man kann es so zusammenfassen: Mitten in unserer Lebenswirklichkeit, die sich Gott entfremdet hat und in der Menschen es so schwer miteinander haben können, begegnen die Christen in Jesus Christus einem neuen Menschen, der ganz vertraut ist mit Gott als „Vater" und aus dieser Vertrautheit den Willen Gottes tut, indem er mit den Menschen und für die Menschen lebt. Er stirbt zwar an unserer Verschlossenheit gegenüber Gottes Willen; aber dieser Tod löscht ihn nicht aus unserer Geschichte aus; er lebt neu bei denen, die sich ihm anvertrauen; er ist mit ihnen auf ihrem Weg und gibt sich ihnen als Kraft für ihren Weg. Den Christen geht als Licht auf: In Jesus Christus hat Gott seinen eigenen „Sohn" gegeben, um neu mit den Menschen anzufangen, seinem Willen auf unserer Erde Raum zu schaffen, die Menschen aus ihrem Nebeneinander und Gegeneinander herauszurufen zum Miteinander und Füreinander und so das zu verwirklichen, wozu er alles gewollt hat. Christen machen die Erfahrung, daß von der glaubenden Bewegung mit Jesus Christus eine heilende und erneuernde Kraft auf ihr Leben ausgeht. Sie lernen, Gott vertrauensvoll als ihren „Vater" anzureden und einander mit der Zuwendung zu begegnen, die ihnen durch Jesus Christus von Gott her geschenkt ist. Damit ist nun nicht auf einmal alles heil; aber in unserer noch unheilen Welt beginnt etwas Neues und Heiles, das große Kraft hat und darauf hoffen läßt, daß Gott dieses Beginnende einmal vollendet.

Auf diesem Hintergrund ist zu sehen, was die Gemeinschaft des Glaubens als Worte Jesu über die Ehe überliefert. Jesus erinnert an den ursprünglichen Sinn der Ehe nicht, um Menschen zu belasten, sondern um ihnen Mut zu machen zu dem, wonach Mann und Frau miteinander und füreinander verlangen, wenn sie einander lieben lernen. Und diesen Mut macht er nicht im Sinne eines ohnmächtigen und unverbindlichen Zuspruchs, sondern mit einer *Vollmacht, die eine neue Bereitschaft weckt und eine neue Kraft schenkt, Ehe zu leben.* Christen bezeugen die Erfahrung, daß dort, wo sie sich glaubend dem Einfluß Jesu Christi öffnen, neue Möglichkeiten und Kräfte spürbar werden, einander in der Ehe leben zu helfen. Auch da wird zwar nicht alles auf einmal heil; aber ein Weg tut sich auf, daß auch in der Ehe doch noch Gottes ursprünglicher Wille geschehen kann. Auch das Leiden an dem, was da noch nicht heil ist, wird dabei zum Weg, der in der Christusgemeinschaft hoffen läßt. Im Glauben an Jesus Christus eine Ehe eingehen und leben meint dann: sich mit der Sehnsucht nach einem Gelingen der Ehe vom Wort Jesu Christi Mut machen lassen zu dieser Sehnsucht; sich aus der glaubenden Begegnung mit Jesus Christus erneuern und heilen lassen, um füreinander Menschen zu werden, die einander leben helfen; den Weg miteinander nicht allein gehen, sondern im Vertrauen, daß Jesus Christus Orientierung gebend und helfend nahe mit auf dem Wege ist und allem, was da beginnend gelingt, vollendend entgegenkommt.

Wichtig ist in alldem: *Vorrang hat der Zuspruch des Glaubens;* neue Möglichkeiten zum Gelingen der Ehe werden dem Menschen im Glauben zugesagt. Darauf ruht der Anspruch des

Glaubens; der Mensch ist dazu gerufen, diese neue Möglichkeiten zu ergreifen.

Um Mißverständnissen vorzubeugen: Auch dort, wo Menschen nicht zum Glauben an Jesus Christus finden, ist Gott mit seinem Willen wirksam, des Menschen Leben auch in der Ehe gelingen zu lassen. Er läßt seinen Geist wehen, wo er will, und so werden die Früchte des Geistes an vielen Menschen erkannt: „Liebe, Freude, Friede, Geduld, Freundlichkeit, Güte, Treue, Demut, Selbstbeherrschung" (Gal 5,22). Es bedarf gewiß keiner Erläuterung, wie diese Wirkungen des Geistes auch viele Ehen gelingen lassen, die nicht entschieden und bewußt im christlichen Glauben eingegangen und gelebt werden. Dies dankbar zu sehen schließt aber nicht aus, danach zu fragen, wie Menschen in einem entschiedenen und bewußten christlichen Glauben Hilfe zum Leben und darin auch Hilfe zum Eheleben empfangen.

2

Sich miteinander verbinden

Beieinander Wohnung nehmen

Daß die Geschichte zweier Menschen als Mann und Frau zu einer gemeinsamen Geschichte zusammengefunden hat, findet seinen Ausdruck im gemeinsamen Wohnen. Man schafft sich einen gemeinsamen Lebensraum, baut sich ein verbindendes Zuhause, zieht zusammen. So vordergründig organisatorisch und technisch viele der damit verbundenen Tätigkeiten sein mögen, so tief reichen die Erfahrungen, die mit dem gemeinsamen Wohnung-Nehmen verbunden sind. Es ist das Verlangen jedes Menschen, einen Raum zu haben, in dem er Geborgenheit und Ruhe, Austausch und Verstehen, Heimat und Frieden findet. Viele Erfahrungen mit der Natur, mit der Welt des Berufes, mit der Gesellschaft sind auch Erfahrungen mit Bedrohlichem und Fremdem, mit Getriebensein und Anonymität, ja mit Kampf und Ablehnung. Das Verlangen nach einer Wohnung, nach einer gemeinsamen Wohnung mit einem anderen Menschen ist Suche nach einem Ort, in dem Vertrautheit lebt, wo man sich angenommen weiß, wo man der sein darf, der man ist, wo man sich ausspricht und Freude und Traurigsein miteinander teilt, wo man miteinander in Frieden essen kann, wo Spiel möglich ist, wo man sich findet und miteinander schläft. Die gemeinsame Wohnung ist der Raum, der den Menschen beheimatet.

Alle die angedeuteten Erfahrungen weisen darauf, daß es nicht eigentlich die Wohnung ist, die der Mensch als Heimat sucht. Der Raum allein ist noch nicht das Zuhause. Im Miteinander-Wohnen ist es letztlich der andere Mensch, der gesucht und gefunden wird, damit der Mensch bei ihm seine Heimat hat. Wenn Menschen gemeinsam Wohnung nehmen, drücken sie damit aus: Ich will für dich ein Zuhause sein, und ich möchte dich als mein Zuhause; laßt uns beieinander wohnen und füreinander der Raum sein, in dem wir einander leben helfen. Erst durch den vertrauten Menschen wird die Wohnung zu dem Ort, der beheimaten kann. Daß junge Menschen heute manchmal schon sehr früh danach drängen, beieinander zu wohnen, muß auch als Zeichen gesehen werden, daß sie sonst sehr wenig die Erfahrung des Zu-hause-Seins bei anderen Menschen machen und dann die vertraute Nähe des einen Menschen suchen, der für sie zur Heimat zu werden verspricht.

Nimmt man die mit dem gemeinsamen Wohnen verbundenen Erfahrungen ernst, so muß man auch die Fragen zulassen, die hier aufbrechen können. Kann ein Mensch für einen anderen Menschen wirklich Heimat sein? Ist das Zuhausesein bei einem anderen Menschen so stark und vollmächtig, daß es zuverlässige Geborgenheit vermittelt auch angesichts der vielen Erfahrungen mit Fremdheit und Namenlosigkeit? Kann die Erfahrung, bei einem anderen Menschen zu Hause zu sein, gegen den Verdacht an, daß das Leben des Menschen letztlich kein Zuhause hat? Was kommt in der Tatsache zum Ausdruck, daß das Unternehmen, füreinander Wohnung zu sein, bei so vielen scheitert? Welcher Halt bleibt all den Menschen, die keinen Menschen haben, bei dem sie wohnen könnten, oder die den Menschen begraben haben, der ihnen einmal Wohnung war? Wie weit dürfen oder müssen wir uns damit abfinden, daß viele wie in einer gespaltenen Wirklichkeit leben: mit einer Heimat bei einem Menschen, sonst aber als Fremde unter Fremden?

Läßt man diese Fragen zu, dann kann es lebenswichtig werden, aus welcher Grundüberzeugung von menschlichem Leben heraus zwei Menschen füreinander zur Wohnung zu werden suchen. Christlich an Gott glauben meint einen Gott haben, der als letzter bergender Halt für den Menschen Heimat ist. „Vater" nennen die Christen ihren Gott in der Überzeugung, in ihm ihr Zuhause zu haben. Im Glauben an diesen Gott mit einem anderen Menschen gemeinsam Wohnung nehmen, ihm Wohnung geben und bei ihm wohnen, meint, ihm auch etwas von diesem Gott, und das heißt von der Wahrheit über den Menschen, auszurichten: Unser Wille, einander zu beheimaten, soll ein Anzeichen und Vorzeichen unserer Heimat in Gott sein.

Wird das gemeinsame Wohnen im Glauben so gedeutet und gewollt, so ergibt sich daraus, daß die gemeinsame Wohnung die Zusage zusammenzubleiben einschließt. Weil das Wohnen in Gott kein kündbares Mietverhältnis, sondern ein zuverlässiges Zuhause ist, darf und soll auch der Mensch in der Ehe für den anderen Menschen dieses zuverlässige Zuhause abbilden. Wird andererseits in einer Gesellschaft das Auseinandergehen von Ehen und das Austauschen des Menschen, mit dem der Mensch aufs innigste zusammenwohnt, nicht mehr als unglückliche Ausnahme, sondern wie ein Normalfall gesehen und gelebt, so hat dies entscheidend mit Grundüberzeugungen von der Wahrheit über das Menschenleben zu tun. Oft ist der mangelnde Wille beieinanderzubleiben begründet in dem Verdacht, daß der Mensch keine letzte Heimat hat und dann auch nicht dafür beansprucht werden kann, für den Menschen Zeichen seiner Heimat zu werden. Und die Praxis gemeinsamen Wohnens mit der immer möglichen und oft tatsächlichen Kündigung muß den Verdacht fördern, daß es nicht nur kein wirkliches Wohnen von Menschen bei Menschen, sondern überhaupt keine Heimat für den Menschen gibt. Nimmt das Beieinanderbleiben im gemeinsamen Wohnen nicht nur faktisch ab, sondern wird es auch nicht mehr entschieden gewollt, dann läßt man es zu, daß sich unter den Menschen das Gefühl der Obdachlosigkeit ausbreitet, daß Erfahrungen der Geborgenheit immer seltener gemacht werden und vielen Menschen der Halt fehlt, den sie zum Leben brauchen.

Gerade auf diesem Hintergrund wird der Auftrag deutlich, den Christen im Beieinanderwohnen nicht nur füreinander, sondern auch für ihre Umwelt haben. Ihr zuverlässiges Bleiben beieinander, ihre nicht abgebrochene Geschichte gegenseitiger Beheimatung soll auch Widerstand leisten gegen den Verdacht letzter menschlicher Heimatlosigkeit. Es soll wenigstens die Frage offenhalten, ob nicht doch dies die Wahrheit über den Menschen ist: daß für ihn der „Vater" von Anfang an und am Ziel seiner Geschichte sein Zuhause ist. Das Wohnen beieinander ohne Kündigung soll auch denen noch ein Zeugnis der Hoffnung sein, die das Wohnen bei einem Menschen schmerzlich entbehren. Dieses Zeugnis darf sich nicht damit abfinden, daß die Lebensräume außerhalb von Ehe so vielfach geprägt sind durch Erfahrungen von Fremdheit und Alleinsein.

Aber zur gelingenden Geschichte des Wohnens von Menschen beieinander gehören auch Erfahrungen mit der Grenze, einander beheimaten zu können. Nicht nur daß das Verstehen und die Anteilnahme, die Offenheit und der Friede im gemeinsamen Wohnen nur selten ganz voll gelebt werden können. Nicht nur daß der eine für die Verletzungen von Traurigkeiten, mit denen der andere heimkommt, ein zu ohnmächtiger Trost sein kann. Zur Wirklichkeit gehört auch, daß es für den sterblichen Menschen kein Wohnen ohne Ende gibt. Für all diese Erfahrungen mit der Grenze des Menschen kann es lebenswichtig sein, daß Menschen gläubig verweisen auf die Heimat, für die sie einander Zeichen sein dürfen und sollen, die sie einander aber nicht ersetzen und vorwegnehmen können. Im Glauben kann auch das Unvollkommene als Vorzeichen der kommenden Fülle seinen Sinn haben. Auch die gelingende Ehe bleibt in der Hoffnung des Glaubens offen für den Trost, den Menschen nie endgültig füreinander sein können angesichts ihres auch unheilen Lebens in einer auch unheilen Welt. Und in dieser Hoffnung des Glaubens ist das Wohnen der Christen beieinander immer auch wie ein Zelten auf der Wanderung in das gemeinsame Haus der Menschen in Gott.

Einander bejahen und annehmen

Wir wissen heute, daß der Mensch zu seinem Menschsein in den ersten Monaten und Jahren seines Lebens nur dann aufwacht, wenn ihm vom Menschen bejahende Gesten und Worte geschenkt werden. Die Erfahrung, daß da jemand ist mit der Botschaft „Ich sage ja zu dir; du sollst sein; es ist gut für mich, daß es dich gibt; du bist für mich ein Wert“, diese Erfahrung läßt den Menschen langsam zu sich kommen, in der Zuneigung des anderen sich selbst entdecken und zugleich die Möglichkeit finden, eigene Worte für den anderen zu bilden. Bejahung und Annahme sind für das Menschwerden ebenso lebenswichtig wie die Nahrung.

Der herangewachsene Mensch mag stark genug werden, das Bewußtsein vom Wert seines Lebens auch gegen Erfahrungen der Gleichgültigkeit oder gar Ablehnung durch andere Menschen durchzuhalten. Doch wenn da niemand mehr ist, der ja sagt zu ihm, kann das Leben-Wollen sehr schwer und sogar zu schwer werden. Auch der erwachsene Mensch braucht Zeichen, daß er jemand ist, daß er sein soll und etwas bedeutet für andere Menschen.

In besonderer Weise können Mann und Frau dieses Zeichen füreinander werden, wenn sie in Gesten und Worten ihre Freude aneinander entdecken und ausdrücken, wenn sie füreinander immer wichtiger werden und schließlich ihre Lebensgeschichten in der Ehe zusammenwachsen lassen. Das eheliche Ja-Wort, die feierliche und gefeierte, gelebte und im Leben bewährte Annahme durch den anderen vermittelt die Erfahrung: da ist nun jemand,

der ja sagt zu mir;

der sich freut, daß ich bin;

für den es gut ist, daß es mich gibt;

dem ich – vielleicht eigenartigerweise – von bedeutendem Wert bin;

der nicht nur etwas von mir will, sondern mich will.

Und das eigene Ja-Sagen zum anderen, den der Mensch sich antrauen läßt, vermittelt nicht weniger tiefgreifende Erfahrung: da ist nun jemand,

der sich auf mein Ja-Sagen verläßt;

der in Zukunft auch darum leben will, weil ich ihm zeige, daß er für mich gut und bedeutsam ist;

der künftig auch davon lebt, daß ich ihn angenommen habe als diesen Menschen.

Wie wichtig es für den Menschen ist, daß er die Begegnung von Mann und Frau als Möglichkeit ergreift, einander auf einzigartige Weise zu bejahen und anzunehmen, zeigt u. a. die Tatsache, daß es der Propaganda banaler und unverbindlicher Sexualität nicht gelungen ist, aus den verbreiteten Erwartungen an die geschlechtliche Begegnung das Verlangen nach gegenseitiger Annahme auszublenden. Gerade in einer Zeit, in der der Mensch in Beruf, Nachbarschaft und Freizeit oft keine Freunde mehr findet, wird von der Nähe, die Mann und Frau zueinander gewinnen, erwartet, daß in ihr personale Zuwendung, Bejahung und Angenommensein erfahren werden kann. Und wo dies nicht erfahren wird, kann die davon abgetrennte geschlechtliche Begegnung, die nur etwas gibt, aber nicht die Annahme durch einen Menschen, das Verlassen- und Alleinsein nur noch schmerzlicher bewußt werden lassen.

Daß der Mensch darauf angewiesen ist, bejaht und angenommen zu werden, zeigt etwas von der Wahrheit über den Menschen. Der Mensch hat nicht die Macht, sich allein und selbst überzeugend einzureden: Es ist gut, daß es mich gibt; ich soll leben und will darum leben; mein Ja-Wort zu mir genügt mir als Grund für mein Leben und gibt mir Lebenssinn. Das Ja-Wort des Menschen zu sich selbst ist nicht so stark, daß es alle Zweifel ausräumen könnte, ob es gut ist zu leben. Es hilft schon weiter, von einem anderen Lebenssinn zugesagt zu bekommen. Und doch bleiben auch da Fragen möglich: Welche Macht hat der andere Mensch, mein Leben zu bejahen und zu wollen? Woher nimmt der andere die Überzeugung, mich gewiß machen zu können, daß mein Leben lebenswert ist? Kommt die Kraft zum Leben, die von der Annahme der Menschen untereinander und in besonderer Weise von der gegenseitigen Annahme des Menschen als Mann und Frau in der Ehe ausgeht, nur vom Menschen, oder gibt da durch Menschen noch ein anderer mit letzter Macht zum Ja-Wort zu erkennen, daß er unser Leben will und uns angenommen hat?

Christlicher Glaube vertraut darauf, auf dem Grunde des Ja-Wortes Gottes leben zu dürfen und leben zu sollen. Wir leben, weil Gott unser Leben will und sein Wille mächtig ist, uns lebenswert zu machen. Er, den wir „Vater" nennen dürfen, hat uns gewollt, geschaffen und angenommen, damit wir leben aus ihm und in ihm. Und sein entschiedener Wille ist es, daß wir Menschen durch unser Ja-Wort zueinander bezeugen, daß er uns will und uns einen eigenen Wert schenkt. Die gegenseitige Annahme von Mann und Frau in der Ehe ist dafür ein besonderes Zeichen. Ihre stärkende und bejahende Kraft lebt nicht aus der Kraft des Menschen für den Menschen, sondern aus der Vollmacht, die Gott dem Menschen gibt, damit er dem anderen sein Ja-Wort schenke. In der ehelichen Erfahrung, von einem anderen Menschen bejaht und angenommen zu sein, darf und soll der glaubende Christ auch ein bejahendes und annehmendes Zeichen von dem Gott seines Lebens empfangen. Und in der ehelichen Entscheidung, zu einem anderen Menschen ja zu sagen und ihn anzunehmen, darf und soll der glaubende Christ auch Zeuge für das Ja Gottes zu diesem Menschen werden.

Diese Grundüberzeugung von der Bedeutung der gegenseitigen Annahme in der Ehe beansprucht des Menschen Treue als Zeichen der Treue Gottes. Wie gerade dadurch der Mensch zur Lebenshilfe für den Menschen wird, zeigt die Erfahrung mit Ja-Worten, die mehr oder minder schnell und leicht auch zurückgenommen oder zurückgegeben werden. In Menschen, die neu auf die Suche geschickt werden nach einem Menschen, der sie umfassend annimmt, mehren sich die Zweifel, wer sie eigentlich sind und sein können für andere. Breitet sich eine Praxis aus, in der die gegenseitige Annahme nicht mehr entschieden die gemeinsame Zukunft einschließt, dann verlieren die Ja-Worte der Menschen zueinander ihr Gewicht. Dies aber muß sich als Verlust an Lebenskraft auswirken, die Menschen mit ihrer Treue einander vermitteln können und sollen. Dadurch aber kann tiefe Lebensunsicherheit entstehen in der mehr oder minder bewußt gestellten Frage: Wer will uns Menschen so unwiderruflich, daß wir darin Halt finden können? Wird das besondere Ja-Wort der Menschen in der Ehe zueinander unzuverlässig, so kann sich der Verdacht ausbreiten, das Leben des Menschen sei von keinem letzten Ja-Wort angenommen.

Christliche Ehe ist dazu berufen, diesem Verdacht das treugelebte Ja-Wort entgegenzusetzen; und zwar nicht nur, um einander Zeugen für Gottes haltendes Ja-Wort zu werden, sondern auch anderen mit Vollmacht zuzusagen, daß Gott uns angenommen hat und die dauernde Kraft zum Ja gibt, damit der Mensch den Menschen in seinem Namen annehme. Dieses Zeugnis gilt nicht nur für die Ehe. Bliebe das Ja-Sagen zum Menschen und die Annahme des Menschen durch den Menschen auf die Ehe beschränkt, um die übrige Lebenswelt dem Nein, der Gleichgültigkeit oder gar Ablehnung zu überlassen, dann wäre die Ehe kein Zeichen mehr für das alle und alles annehmende Ja-Wort Gottes. Die einzigartige Weise, in der Mann und Frau in der Ehe zueinander ja sagen können, kann und soll auch Kräfte freisetzen, andere zu bejahen und anzunehmen.

Das Ja-Wort Gottes zum Menschen und das Ja-Wort des Menschen zum Menschen brauchen einander. Das Ja-Wort Gottes zum Menschen kann nicht überzeugend bezeugt werden ohne das gelebte Ja-Wort des Menschen zum Menschen. Und das Ja-Wort des Menschen zum Menschen muß im Eingeständnis seiner Schwäche und Grenzen verweisen auf Gottes Ja-Wort, das allein mit letzter Macht Lebenssinn und Lebenskraft zusprechen kann.

Einander in Treue angetraut sein

Das Wort von der ehelichen Treue verarmt, wo nur auf das gesehen wird, was außerhalb der Ehe nicht sein soll und nicht sein darf. Es entfaltet nur dort seine Bedeutung, wo das in den Blick kommt, was innerhalb der Ehe ermöglicht wird und lebendig sein soll. Treue meint zuerst:

daß die in der Lebensgemeinschaft der Ehe liegenden Möglichkeiten ergriffen werden,

daß da Austausch und Gespräch ist,

daß da viel geschieht im Miteinander und Füreinander,

daß man einander leben hilft in den immer neu ankommenden Situationen, daß man einander nicht nur nahebleibt, sondern die Nähe zueinander noch wachsen läßt.

Eheliche Treue meint so: eine Geschichte miteinander haben und in dieser Geschichte zusammenwachsen. Wo Mann und Frau einander in der Ehe treu sind, schränken sie sich in ihren Lebensmöglichkeiten nicht ein; sie entfalten vielmehr ihre Möglichkeiten, in gemeinsamer Lebensgeschichte einander zu halten und zu beheimaten. Wo mit der Ehe nicht auch die Treue mitgewollt wird, lassen Menschen die Chance aus, einander auf einzigartige Weise zur Lebenshilfe zu werden.

Wie Treue mit dem Geschehen zusammengehört, in dem Mann und Frau sich zur Ehe trauen lassen, deutet schon die sprachliche Verwandtschaft von Treue, Trauung und Vertrauen an. Der eine kann sich dem anderen nur antrauen im Vertrauen auf die eigene Treue und die Treue des anderen. Kann sich der Mensch doch nur dann darauf einlassen, mit einem anderen Menschen zusammenzuwachsen, wenn er sich und dem anderen zutraut, daß das, was da zusammenwächst, nicht nur nicht wieder zerrissen, sondern auch mit Leben erfüllt wird. Wo Treue nicht entschieden gewollt wird, ist so der Verzicht auf die Trauung eigentlich nur konsequent. Ebenso konsequent wäre es dann allerdings auch, daß man nicht zuviel an herzlicher Nähe und an Lebensgemeinschaft entstehen ließe. Bleibt doch das Mißtrauen immer gegenwärtig, die Nähe könnte wieder zur Fremde werden und die Gemeinschaft könnte veröden. Hier stellt sich dann aber die Grundfrage, was der Mensch für den Menschen werden will und werden soll, wo Mann und Frau einander nahekommen. Soll da Bindung entstehen, die Lebenshalt gibt, oder ist da eine feste Bindung zu vermeiden, weil Menschen einander nicht halten können? Ist es aber überhaupt zu vermeiden, daß in einer gefüllten Begegnung von Mann und Frau zwei Menschen zusammenwachsen und daß dann, wenn man die Geschichte miteinander abbricht, eben doch verletztes Leben zurückbleibt und Haltlosigkeit entsteht?

Zum biblischen Glaubenszeugnis, wer Gott für die Menschen ist, gehört das Zeugnis von Gottes Treue. Und diese Treue meint, daß Gott unermüdbar seine Geschichte mit den Menschen sucht und von den Menschen her nicht abbrechen läßt, sie vielmehr immer wieder neu beginnt und weiterführt. Gott läßt sich von seinen guten Zielen für die Menschen nicht abbringen. Er hat sich gebunden an die Menschen – zuletzt in seinem Sohn, in dem er, ohne etwas zurückzuhalten, mit den Menschen zusammenwächst. Diese Treue Gottes ist der Lebensgrund des Christen und trägt sein Vertrauen. Sie trägt auch sein Vertrauen, daß Gott es nicht aufgegeben hat und nicht aufgeben wird, auch die Geschichte der Menschen miteinander noch gelingen zu lassen. Und dieses Vertrauen trägt die christliche Überzeugung von der Ehe. Sie traut es

Gott zu, daß er, der den Menschen als Mann und Frau schuf und ihre gegenseitige Hilfe zum Leben in der Lebenseinheit der Ehe wollte, diese Hilfe weiter will und dann auch den Menschen befähigt, die Treue zu leben, in der er für den Menschen Halt und Hilfe wird. Nicht allein in dem, was der Mensch am Menschen erfährt, gründet diese Überzeugung. Wird da doch nicht nur das Verlangen nach Bindung und Halt und gelebte wie gewollte Treue erfahren, sondern auch Angst vor dem Gebundensein, Verweigerung von Gemeinschaft und Abbruch von Beziehungen. Die christliche Überzeugung von dem, was der Mensch für den Menschen durch seine Treue in der Ehe werden kann und darum auch werden soll, baut auf den machtvollen Willen Gottes, auch die Ehe gegen alle Widerstände gelingen zu lassen. Für den Christen ist darum die gelebte Treue in der Ehe nicht nur Antwort auf die Treue des anderen Menschen und Bitte um dessen Treue; sie ist auch Antwort auf Gott, der in seiner Treue zur Ehe den Menschen zur Treue befähigt. Und in menschlich gelebter Treue begegnet der Christ zugleich einem Zeichen, wie Gott in Treue am Menschen wirksam ist.

Diese Sicht eröffnet ein nicht nur juristisches Verständnis der Unauflöslichkeit christlicher Ehe. Grundlage dafür, daß die Ehe von Christen rechtlich als unauflöslich gilt, ist die Erfahrung, wie die Ehe tatsächlich unauflöslich wird, wo Mann und Frau in Treue ihre Möglichkeiten ergreifen, einander zur Lebenshilfe zu werden. Diese Unauflöslichkeit ist zunächst eine Gabe in dem Sinne, daß dem Menschen gegeben wird, das, was Ehe meint und wonach er in der Ehe verlangt, trotz seiner Schwächen und Verweigerungen doch so zu leben, daß das Miteinander gelingt. Zugleich ist diese Unauflöslichkeit eine Aufgabe. In gelebter Treue sollen Mann und Frau ihre Möglichkeiten füreinander so zur Entfaltung bringen und im Prozeß ihrer Ehe so zusammenwachsen, daß ihre Bindung unauflöslich wird. Daß diese Unauflöslichkeit nicht einfach eine beliebige Forderung, sondern reale Möglichkeit und auch lebendige Wirklichkeit ist, zeigen auf ermutigende Weise viele Ehegeschichten, die sich auch in Krisen und Schwierigkeiten als unauflöslich bewährten und eben dadurch noch unauflöslicher wurden. Schaut man dem Anliegen, um das es hier geht, auf den Grund, dann ist die Ehe nicht „leider" unauflöslich, sondern „Gott sei Dank" unauflöslich; denn wo eine Ehe auflösbar bleibt, haben Mann und Frau noch nicht ihre Möglichkeiten des Miteinanders und Füreinanders entfaltet. Wo die feste Bindung aneinander vermieden wird, werden nicht menschliche Möglichkeiten gewonnen; wo die Bereitschaft und Fähigkeit zur Treue verlorengeht, verschließen sich kostbare Möglichkeiten der Menschen, einander zu vertrauen und sich so einander anzutrauen. Dieser Mangel an Vertrauensfähigkeit kann begründet sein in einem tiefsitzenden Mißtrauen gegenüber dem Leben überhaupt. Dagegen will das christliche Engagement für die Ehe – für die eigene Ehe wie für die Ehe der anderen – Zeichen setzen, die zur Vertrauensbereitschaft ermutigen und Fähigkeit zur Treue vermitteln, damit gegen alle Gründe zum Mißtrauen doch geschieht, was geschehen soll: daß Menschen einander in Treue halten, weil sie darauf vertrauen, von Gott in Treue gehalten zu sein.

Die Ehe mit anderen feiern

Wo Mann und Frau zusammenziehen, ohne zu heiraten, spricht man heute von Ehen ohne Trauschein. Damit wird nur bekannt, was rechtlich nicht geklärt und gesichert wird. Meistens sind diese Ehen ohne Trauschein auch Ehen ohne Hochzeit, und vielleicht ist das Fehlen der Hochzeit der eigentliche Mangel.

Die Hochzeit ist ein Fest, und zum Fest gehören zum einen Gründe zur Freude und zum anderen Menschen, die in dieser Freude übereinstimmen. Wo Mann und Frau Hochzeit feiern, zeigen sie einander und ihrer Umwelt, daß sie ihr Ja-Wort und ihre nun beginnende gemeinsame Lebensgeschichte als große Freude erfahren. Diese Freude ist so groß, daß sie begangen werden muß, daß sie also nicht einfach wie etwas Alltägliches übergangen, ungestaltet und ungefeiert bleiben darf. Und sie rufen Menschen zusammen, die ihnen wichtig sind und von denen sie wünschen, daß sich diese Menschen mitfreuen, daß sie mit ja sagen zu ihrer Lebensgemeinschaft, daß sie künftig auch mitbesorgt sind um ihr Gelingen. Noch weniger als der Trauschein ist die Hochzeit eine bloße Formalität. Wird sie wirklich gefeiert, dann ereignet sich in ihr etwas. Der Ehe, die an ihrem Anfang gefeiert wird, wird zugesagt, daß sie Grund zur Freude ist, daß sie hoffnungsvoll in die Zukunft sehen darf, daß sie leben soll. Feiern andere die begonnene Ehe mit, dann werden sie damit nicht nur zu Zeugen, sondern auch zu Stützen dieser Ehe und ihrer Hoffnung. Und wird die Ehe im Laufe ihrer Geschichte immer wieder gefeiert, dann lebt darin die Feier des Anfangs auf, bekommt die Hoffnung ihr Recht und stärkt der dankbare Rückblick Vertrauen für das Kommende.

Muß der Verzicht auf die Hochzeit gedeutet werden als Zeichen, daß Menschen ungewiß sind, ob ihre gefundene Gemeinschaft Grund genug ist für ein Fest? Wird manchen ihre Hochzeit unmöglich, weil sie es zwar miteinander versuchen wollen, aber keine starke Hoffnung haben, daß ihnen ihr Miteinander auch gelingt? Feiern manche ihre Ehe vielleicht nur verborgen zu zweit, weil sie sonst keine Menschen haben, die ihnen wichtig sind und von denen sie zugleich wissen, daß sie ihre Freude teilen und ihre Hoffnung mittragen wollen? Muß man fürchten, daß Ehen, die nicht mehr gefeiert werden, auch weniger Kraft zur Zukunft haben? Und muß man Sorge haben, daß in einer Gemeinschaft, in der Menschen einander nicht mehr zur Hochzeit zusammenrufen, die Menschen einander immer mehr allein lassen – auch mit ihren Ehen?

In der Tradition der Menschheit ist das Fest der Hochzeit wie jedes Fest immer auch verbunden mit der Vergegenwärtigung einer Hoffnung, die Menschen nicht nur aufeinander, sondern auch und vor allem auf den Gott ihrer Hoffnung gründen. Und eine Festgemeinschaft entsteht in dieser Tradition gerade dadurch, daß die Zusammengerufenen auch eine Gemeinschaft des Hoffens auf Gott bilden und dann in der Feier der Ehe Gott als den feiern, der Mann und Frau füreinander gebildet hat, einander finden ließ, sie segnet für ihren gemeinsamen Weg und ihnen als Kraft füreinander nahesein will. Geht die Bereitschaft und Fähigkeit, Ehe zu feiern, in unserer Gesellschaft vielleicht auch darum zurück, weil viele keinen Gott gefunden haben, den sie als Gott ihrer Ehe feiern könnten, und weil es schwer werden kann, nur einander zu feiern? Haben viele keine ihnen nahestehenden Menschen mehr, mit denen sie für ihre Ehe Hoffnung auf Gott begehen und so im Dank an Gott und in der Bitte um seinen Segen ein Fest gemeinsamen Hoffens gestalten könnten?

Die christliche Feier der Ehe ist eine kirchliche Feier. Zwei Menschen wird aus der Erfahrung von Christen vor ihnen und mit ihnen bezeugt, daß ihr verantwortetes Ja-Wort sich tragen lassen darf und soll von dem Gott, der in seinem Sohn Jesus Christus das neue Ja zum Menschen und auch das neue Ja zur Ehe von Mann und Frau ist und sein will. Gott wird gemeinsam gefeiert als der, der sich als helfende Kraft erwiesen hat in Ehen, die ihn in ihrem Leben wirken ließen. Wenn zwei Menschen dieses Zeugnis der kirchlichen Gemeinde für ihre Ehe annehmen und ihre Ehe in der Hoffnungsgemeinschaft der Kirche feiern, bekennen sie damit ihren Glauben an diesen Gott als Gott für ihre Ehe. Und indem sie sich mit ihrem Ja zueinander dem Gott ihrer gemeinsamen Hoffnung anvertrauen, schenkt ihnen ihr Gott in der Feier das Vertrauen, daß er verbindend und helfend da ist und da sein wird. Er gibt sich als Gott dieser Ehe, die er halten, geleiten und mit seiner Macht zur Liebe erfüllen will. Und die mitfeiernden Christen sind dabei nicht nur Zuschauer. Sie tragen den Dank und die Bitte der beiden mit und empfangen auch ihrerseits aus der bezeugten und begangenen Hoffnung der beiden eine Stärkung ihrer Hoffnung. So geschieht in der christlichen Feier der Ehe Wirkliches und Wirksames. Zwei Christen empfangen den Gott ihrer bisherigen Lebensgeschichte als Gott ihrer künftig gemeinsamen Lebensgeschichte.

Daß Christen ihre Ehe in der Hoffnungsgemeinschaft der Kirche feiern, daß sie Ehen mit einer Hochzeit beginnen, hat nicht nur Bedeutung für sie selbst. Es kann auch ein Zeichen in unserer Gesellschaft sein, daß dort, wo Menschen sich Gott anvertrauen und sich von Gott für seinen Willen beanspruchen lassen, Ehen nicht nur problematisiert, sondern auch gefeiert werden können. Und dadurch, daß andere Christen die Ehe mitfeiern, können sie in unserer Gesellschaft ein Zeichen geben, wie dort, wo man im Glauben verbunden ist, man einander auch aus guten Erfahrungen heraus ermutigen kann, sich zu binden. Geht man davon aus, daß für das Eheleben die Hoffnung noch wichtiger werden kann als rechtliche Klarheit und Sicherheit, dann ist wichtiger als der Trauschein, daß Menschen bereit und fähig bleiben und wieder werden, ihre Ehe mit anderen so zu feiern, daß darin Hoffnung gestaltet und vermittelt wird.

3
Einander leben helfen

Einander verstehen

Auch durch die Anziehungskraft des anderen Geschlechts finden Mann und Frau zueinander. Doch alleine dadurch entsteht noch keine menschliche Nähe. Dazu gehört die Erfahrung, einander zu verstehen in vielen Gründen zur Freude und Traurigkeit, in Erwartungen und Ängsten, in dem, was das Leben bewegt, betroffen macht und beschäftigt. Den Menschen im Lebensraum der Bibel war diese Erfahrung so sehr die Mitte der Zusammenkunft von Mann und Frau, daß sie für die geschlechtliche Vereinigung das Wort gebrauchten „einander erkennen". Wird die besondere Weise, in der Mann und Frau einander nahekommen, miteinander vertraut werden und sich schließlich vereinigen, menschlich gelebt, so entdecken Menschen dabei, wie sie einander verstehen können. „Wir verstehen uns" ist wohl eine der besten Begründungen, die junge Menschen haben können, um sich näher aufeinander einzulassen. Wird dabei die weitere Erfahrung gemacht, den anderen immer tiefer zu verstehen und von ihm immer umfassender verstanden zu werden, so ist dies wohl einer der tragendsten Gründe, sich für eine gemeinsame Zukunft zu entscheiden. Und Ehe gelingt dann, wenn zwei Menschen nicht damit aufhören, einander zu verstehen.

Wenn Menschen nach einem Menschen verlangen, der sie versteht, drückt dies etwas über den Menschen aus. Der Mensch braucht den Menschen nicht nur, um mit ihm die Mühe um die äußeren Bedingungen für das Leben zu teilen. Er braucht den Menschen auch, um sich dem anderen mitzuteilen und Anteil am Leben des anderen zu empfangen. Freude wird erst voll, wo sie einem anderen gezeigt werden kann, der sich mitfreut. Leid wird erträglich, wo man es jemandem sagen kann, der sich mitbelasten läßt. Fragen, die mit einem anderen besprochen werden können, können sich klären oder können auch offenbleiben, ohne das Leben zu bedrohen. Die Erfahrung „Da ist jemand, dem ich mich zeigen kann und der mich sieht und der versteht, was mich froh macht oder bedrängt, worauf ich hoffe oder wovor ich mich fürchte, was ich bedenke und plane", diese Erfahrung heißt auch: „Ich bin nicht allein; es ist einer mit mir." Und diese Erfahrung hilft leben; denn der Mensch ist so, daß er erst im Miteinander wirklich auflebt. Menschliches Miteinander ist aber nicht schon überall da, wo Menschen miteinander zu tun haben. Vieles kann da Rollenspiel bleiben; Menschen zeigen sich gar nicht als die, die sie sind; man spielt den Menschen, den die anderen von einem erwarten oder der man vor den anderen sein will. Einsamkeit ist nicht nur da, wo Menschen nichts miteinander zu tun haben; sie ist auch da, wo sie einander nur etwas vormachen. Es kann wie eine Erlösung sein, wenn mitten in diesem oft entfremdenden Spiel eine Begegnung möglich wird, in der die Rollen aufgegeben werden können und Menschen sich einander zeigen.

Ein besonderer Ort, an dem Menschen einander dieses Geschenk machen können, ist die eheliche Begegnung. Voraussetzung ist dabei das Einander-gut-Sein; denn einander verstehen meint mehr als nur übereinander Bescheid wissen; es meint auch noch mehr als die Entdeckung gemeinsamer Hoffnungen und Nöte. Von einem anderen verstanden werden wird zur beglückenden Erfahrung erst dadurch, daß im Blick des anderen Güte ist: Er versteht, um gut zu sein, um zu ermutigen und zu trösten, um zu helfen und evtl. auch zu korrigieren. Durch Güte also wird das Verstehen zur Lebenshilfe, die Mann und Frau einander in der Ehe schenken können und sollen. Daß wir Menschen einander soviel vorspielen, hat seinen wichtigen Grund wohl in der Furcht, von dem anderen nicht in Güte erkannt zu werden. Oft bleiben Menschen einander Fremde, weil sie einander nicht Güte zutrauen. Umgekehrt kann dann die voreheliche und eheliche Erfahrung, einander gut zu sein und so einander zu verstehen, zwei Menschen zusammenführen und zusammenbinden. Die erfahrene Güte des anderen ermöglicht eine Offenheit, die auch noch Schwaches und Armes, Verworrenes und Verletztes zuläßt; denn wird dieses in Güte verstanden, dann ist damit nicht Erniedrigung, sondern Hilfe und Heilung verbunden.

Die Erfahrung, einen Menschen zu haben, der in Güte versteht, kann die Hoffnung wecken, im Grunde des Lebens wirke eine Güte, vor der wir nichts verbergen müssen, weil sie alles in uns versteht, um unserem Verlangen nach gelingendem Leben entgegenzukommen. Gegen diese Hoffnung steht die Angst, da sei eigentlich niemand, der verständnisvoll auf unser Leben und in unsere Sehnsucht nach Glück schaue. Auch diese Angst kann sich auf Erfahrungen berufen. Da gibt es zwar das gelingende Bemühen von Menschen, einander in Güte zu verstehen; doch da gibt es nicht nur Grenzen, an denen der Mensch weder sich selbst gut versteht noch vom anderen gut verstanden wird – auch in der Ehe. Da gibt es auch so viel Unverständnis unter den Menschen, daß die Erfahrung, einander in der Ehe zu verstehen, nur als ein kleines, immer sehr bedrohtes Licht der Vertrautheit in sonst dunkler Fremde erscheint. All diese Erfahrungen nähren den Verdacht, jeder Mensch sei letztlich doch allein und auch das eheliche Verstehen könne aus dieser Einsamkeit nur sehr unvollkommen retten.

Christlich an Gott glauben meint sich von Jesus Christus zusagen lassen, daß wir Menschen mit allem, was in uns ist, in vollkommener Güte verstanden werden. Daß da also jemand ist, dem wir uns zeigen können, und der sieht, um zu helfen. In diesem Glauben einander in der Ehe gut sein und einander verstehen meint dann: sich gegenseitig auch ein Zeichen der Hoffnung auf die Güte und das Verstehen Gottes geben. Es meint: einander auch darum Güte und Verstehen schenken und unermüdbar darum bemüht bleiben, um einander etwas von Gott ahnen zu lassen. Es meint angesichts der Grenzen, sich selbst und einander zu verstehen: gemeinsam Gott die Güte zutrauen, daß er ganz versteht. Es meint angesichts der Erfahrungen mit mangelnder Güte und Unverständnis: die Erfahrungen, in denen Güte und Verstehen lebt, schwerer wiegen zu lassen und in ihnen wahrzunehmen, was sein soll und sein wird. Es meint auch: das in der Ehe geübte gegenseitige Verstehen über die Ehe hinaus zu üben, auch anderen gut sein und danach suchen, sie zu verstehen, um ihnen leben zu helfen.

Teilen: erzählen und zuhören

Es kann gut sein, allein durch das Land zu wandern und dessen Schönheit in sich aufzunehmen. Zugleich kann es das Verlangen geben, dieses oder jenes oder auch alles einem anderen Menschen zeigen und mit ihm teilen zu können. Ähnliches gilt, wo Schweres zu bestehen oder Schmerzliches zu bewältigen ist. Da kann die Kraft im Menschen selbst aufkommen und ihn den Weg gehen lassen. Zugleich kann gerade darin Aufrichtung erfahren werden, daß der Mensch einen anderen Menschen hat, dem er seine Not zeigen kann und der sie mit ihm ansieht, auch wenn er nicht unmittelbar helfen kann.

In unserer Gesellschaft lassen wir Menschen einander viel allein. Es liegt an den vielfältigen Lebenswelten, in denen wir oft nur sehr begrenzt einander nahe kommen und Leben miteinander teilen können. Da wird es als besonderes Geschenk erfahren, wenn in einer Beziehung Nähe wächst und ein Raum miteinander geteilter Freude und Not entsteht. Die Weisheit der biblischen Begründung für das Geheimnis des Menschen als Mann und Frau leuchtet unmittelbar ein: „Es ist nicht gut, daß der Mensch allein bleibt." Der Mensch möchte teilen können. Er möchte sich mitteilen, und er möchte teilhaben am anderen.

Die Ehe wird eine Lebensgemeinschaft genannt. Sie war einmal unmittelbar miteinander geteiltes Leben, als Mann und Frau Arbeit und Muße, Werktag und Sonntag und vor allem ihre Beziehungen zu den Menschen gemeinsam hatten. Heute ist die Ehe fast immer eine Teilzeitgemeinschaft. Mann und Frau leben auch in

Lebenswelten, die sie nicht gemeinsam haben. Oft kennen sie nicht die Menschen, mit denen ihre Partner in diesen anderen Lebenswelten zu tun haben. In der Ehe als Teilzeitgemeinschaft lebt die Gefahr, einander mit einem – oft großen und wichtigen – Teil des Lebens fremd zu bleiben. Es wird in ihr aber auch die Chance geschenkt, das Leben mit allem, was froh und traurig macht, miteinander zu teilen und so gegen die Zerstückelung des Lebens doch Lebensgemeinschaft zu bilden. Wir können auch nicht-miteinander-gelebtes Leben teilen, wenn wir es einander erzählen und einander dabei zuhören.

Wenn die Beziehung von Kindern zu ihren Eltern lebendig ist, dann müssen die Kinder viel erzählen von dem, was sie ohne ihre Eltern im Kindergarten oder in der Schule erlebt haben. Wenn die Eltern zuhören, wissen die Kinder, daß sie geliebt werden; denn es ist den Eltern offenbar wichtig, Gemeinschaft zu finden mit den Freuden und Nöten ihrer Kinder. Heute entsteht durch das Erzählen und Zuhören Gemeinschaft von Menschen über zum Teil große Entfernungen hinweg durch die gegenseitige Mitteilung am Telefon. Die vielen Anrufe sind Bitten, der andere Mensch möge teilnehmen und sich mitteilen. Es mag sein, daß in Briefen früherer Zeiten mehr innere Erfahrungen mitgeteilt wurden; aber der schriftliche Austausch blieb doch ein Privileg recht kleiner Minderheiten. Auch dort, wo man einander vielleicht mit den Worten nur den äußeren Ablauf eines Tages erzählt, geht in und mit den Worten die tiefere Botschaft mit, daß man nicht allein sein und den anderen Menschen nicht allein lassen möchte.

Einander in der Ehe dadurch leben helfen, daß man sich gegenseitig nicht allein läßt, geschieht nicht zuletzt durch Erzählen und durch Zuhören. Dafür muß Zeit sein, wenn Menschen einen für sie wichtigen Teil ihrer Zeit nicht unmittelbar miteinander haben. Sogar gemeinsam gelebte Zeit muß oft noch miteinander besprochen werden, um wirklich miteinander geteilte Zeit zu werden. So ist das Gespräch in der Ehe eine wichtige Weise der Liebe. Wo es nicht mehr gesucht wird, suchen die Menschen einander nicht mehr. Und suchen müssen sich Menschen auch in der Ehe immer wieder; sonst verlieren sie sich. Wo Partner einander ihr Leben mitteilen, dort schenken sie sich die Erfahrung, wie die Freude durch Teilhabe aneinander wächst und die Nöte im gemeinsamen Anschauen weniger bedrängend werden.

Oft wird das Zuhören als der selbstlosere Teil in einer Gesprächspartnerschaft angesehen. Es kann im ersten Blick tatsächlich so scheinen, daß der Mensch, der erzählt, um Teilnahme bittet und die zuhörende Hilfe des anderen sucht. So lassen in beratenden Situationen die Helferinnen und Helfer die Menschen erzählen und bieten ihnen den Dienst des Zuhörens. Gerade in beratenden Situationen außerhalb von Partnerschaften kann aber durchaus auch erfahren werden, daß der Mensch, der erzählt, ein wichtiges, eventuell sogar das wichtigere Geschenk macht: Vertrauen. Erzählen und Zuhören brauchen einander in gegenseitiger Hochachtung. Wer nur zuhört, bringt sich in die Rolle des Helfers, der sich selbst nicht anvertraut – aus vermeintlicher Stärke oder Schwäche oder warum auch immer. Wer nur erzählt, läßt in der Gemeinschaft den anderen Menschen mit seinem Leben nicht zu. Vielleicht entscheidet sich gerade im gegenseitigen Erzählen und Zuhören, ob Mann und Frau in der Ehe einander Partnerin und Partner, d. h. Teilhaberin und Teilhaber werden.

Miteinander tragen und einander ertragen

Beides gehört zusammen, wo Menschen nicht mehr nebeneinanderher, sondern miteinander leben: daß sie in die Gemeinschaft sowohl ihren Reichtum als auch ihre Armut, sowohl ihre Kraft als auch ihre Last, sowohl ihre Möglichkeiten als auch ihre Grenzen einbringen. Wo Menschen einander noch nicht wirklich nahekommen, können sie sich möglicherweise noch vorspielen, ihr Leben sei unversehrt und unbeladen. Wo sie einander nahekommen wie in der Ehe, ist die Wahrheit nicht zu verbergen, daß der Mensch für den Menschen nicht nur bereicherndes Geschenk sein, sondern dem anderen immer auch –

zumindest in einigen Zeiten der Lebensgeschichte – zur Last werden kann. Oder noch anders: Menschen erfahren das Geschenk des Mitmenschen gerade dort, wo sie sich einander öffnen können mit ihrer Lebenslast, wo sie keine Angst haben müssen vor dem Mißbrauch ihrer Lebenswahrheit, wo sie vielmehr einander das Geschenk machen, aneinander und miteinander auch zu tragen. Nicht zuletzt dieses Geschenk des Menschen an den Menschen meint die gegenseitige Annahme von Mann und Frau in der Ehe.

Die Worte „Last" und „tragen" sind Bildworte für innere Erfahrungen mit menschlichem Leben. Leben kann so sein, daß es schwer wird, die Tage mit ihren Aufgaben und Forderungen, mit ihren Widerständen und Verwundungen zu begrüßen und leben zu wollen. Eine menschliche Lebensgeschichte haben ist nicht wie eine Wanderung ohne Gepäck. Es kann Zeiten geben, in denen es sich leicht wandert mit kaum spürbarer Last. Es kann aber auch Zeiten geben, in denen die Lasten schwer, sehr schwer werden, in denen viel Kraft dazu gehört weiterzugehen.

Ein gutes Wort für den Menschen in der Ehe ist „Lebensgefährte". Einen Menschen haben, der mit auf der Fahrt ist, der den Weg mitgeht – und zwar nicht nur auf bestimmten Strecken, sondern wirklich den ganzen Weg. Noch wichtiger als das gegenseitige Mittragen von Lasten des Lebens ist dabei das Einander-Ertragen. Es meint, einander zu tragen gerade dann, wenn der andere sich selbst als Last und das eigene Leben-Wollen und Leben-Können als schwer erfährt. Das heißt nicht, sich resigniert damit abzufinden, wie der andere nun einmal ist. Es geht um mehr und um anderes. Es geht darum, daß einer dem anderen die Erfahrung einer Weggemeinschaft schenkt, die einen tragenden, ermutigenden und Kräfte spendenden Halt bedeutet. So dürfen und sollen Menschen einander ertragen – in besonderer Weise in der Ehe.

Es gibt auch andere Erwartungen an die Ehe. Da kann sich der Mensch über sich selbst und über den anderen täuschen und die eigene Lebenslast wie die Lebenslast des anderen nicht wahrhaben wollen. Die glückliche Ehe kann so mißverstanden werden, als bestehe ihr Glück darin, daß Mann und Frau einander nur beglükken. Daß ein eigenes Glück gerade auch darin gefunden werden kann, daß der eine die Last des anderen aufnimmt und mit der eigenen Last aufgenommen wird, kann dabei übersehen bleiben. Vielleicht sind viele Enttäuschungen mit der Ehe in der Täuschung begründet, daß menschliche Nähe möglich sei, ohne den anderen auch zu belasten und von ihm belastet zu werden. Und vielleicht liegt diese Täuschung in einer Gesellschaft nahe, in der ein Lebensglück propagiert wird, das sich das Tragen und Mittragen von Lasten erspart. Und weiter: Vielleicht müssen viele in diese Täuschung fliehen, weil sie von keiner Kraft wissen, die sie tragen kann.

Die christlichen Lebensregeln „Tragt einander die Lasten“ und „Ertragt einander“ gründen in dem Vertrauen, davon getragen zu sein, daß Gott uns erträgt mit unserer ganzen Lebenslast. Christlicher Glaube schaut auf den, der sich von uns hat belasten lassen, der an uns trug und uns dadurch trägt, wenn wir einander ertragen. Diesem Glauben ist es erträglich, die eigene Lebenslast zuzugestehen und diese einem anderen Menschen zuzumuten, wie auch den anderen mit seiner Last an sich zu binden und ihn zu tragen. Gerade darin sieht dieser Glaube den Weg, auf dem menschliches Miteinander doch noch gelingen und glücken kann. Und in diesem Glauben ist eine glückende und gelingende Ehe eine Weggemeinschaft, in der man einander dadurch trägt, daß man miteinander auch Lasten trägt und einander auch als Last erträgt.

Einander dienen

Zur bitteren Erfahrung des Menschen mit seinen Mitmenschen gehört die Erfahrung der Herrschaft des Menschen über den Menschen. Daß da Macht mißbraucht wird, um den eigenen Lebens- und Entfaltungsraum auf Kosten anderer zu erweitern. Daß sich einer über den anderen erhebt, um ihn für seine Interessen auszunutzen. Daß da Ansehen und Menschenwürde ungleich zugeteilt werden, um ein Oben und Unten unter den

Menschen zu schaffen. Auch die Geschichte zwischen Mann und Frau ist davon betroffen. Die Geschichte der Ehe besteht nicht nur aus Liebesgeschichten, sie ist auch eine bedrängende Geschichte der mehr oder minder weitgehenden Unterwerfung von Menschen durch Menschen.

Wie sehr Herrschaftsausübung der Ehe widerspricht, wird in der biblischen Glaubenstradition immer wieder in Erinnerung gerufen. Bekannt als Anlaß für allerlei z. T. ernstgemeinte witzige Auslegungen ist die biblische Erzählung, wie Gott die Frau aus der Seite des Mannes bildete. Eine sehr alte Auslegung versteht die Erzählung als Symbolhandlung, die damit vertraut machen will, wie sich das Verhältnis zwischen Mann und Frau gestalten soll: Gott schuf die Frau nicht aus dem Kopf des Mannes, damit sie nicht seine Herrin sei; er schuf sie auch nicht aus dem Fuß des Mannes, damit sie nicht seine Sklavin sei; er schuf sie aus der Seite des Mannes, damit sie seinem Herzen nahe sei. Gewollt ist also eine Beziehung, in der es nicht Herrschaft gibt von oben nach unten, sondern herzliche Nähe in gegenseitiger Ehrfurcht. Die gleiche biblische Erzählung, die dies bezeugt, nennt als eine Not, die durch die Entfremdung vom Willen des Schöpfers über den Menschen kam, das Herrwerden des Mannes über die Frau. Daß der Mensch sich nicht in einer heilen Welt – in einer Welt also, wie sie ursprünglich gewollt ist – vorfindet, sondern in einer Welt der Sünde – in einer Welt also, die sich vom Willen ihres Schöpfers getrennt hat, – wird auch in der tatsächlichen Geschichte der Beziehung zwischen Mann und Frau erfahren. Auch dort, wo gegenseitige Zuneigung ohne jedes Oben und Unten sein soll, kommt es zur Herrschaft von Menschen über Menschen. Auch dort, wo der Mensch durch die Nähe der Herzen dem anderen zur Lebenshilfe werden soll, wurde und wird diese Hilfe oft dadurch versagt, daß sich einer über den anderen erhebt und sich dadurch von ihm entfernt. Daß die Sucht des Menschen zu herrschen auch in die Ehe Eingang fand und findet, zeigt, wie tief der Mensch verletzt ist.

Zur Botschaft Jesu von dem neuen Menschsein, das mit ihm in der Geschichte anbricht und zu dem die Menschen durch ihn gerufen werden, gehört die neue Befähigung der Menschen, einander zu dienen. Herrschaft, wie die Großen sie über die Kleinen, die Mächtigen sie über die Ohnmächtigen ausüben, wird bloßgestellt als Verlust an wahrem Menschsein und als Widerspruch zu dem, was sein soll. Der Mensch kommt dort zu seiner eigenen Wahrheit und findet dort seine Entfaltung, wo er seine Möglichkeiten in den Dienst anderen Lebens, und zwar gerade in den Dienst des Lebens der Kleinen und Geringen stellt. Was Jesus lebte und zu welchem Leben er anruft und die Möglichkeit schenkt, findet in der Fußwaschung seinen Ausdruck. Er, der Herr, wird zum Diener am Leben der Menschen, damit diese zur Freiheit finden, einander zu Dienern ihres Lebens zu werden. Das ist nicht vordergründig als nur moralische Anweisung zu verstehen; vielmehr geht es die Wahrheit offen, wie menschliches Miteinander gelingen kann und soll und wo der Mensch wirklich so lebendig wird, wie er von Gott gewollt und entworfen ist.

Hier ist die Grundüberzeugung des Menschen angesprochen, wie er von sich selbst, von seiner Selbstverwirklichung denkt: Findet er Selbstverwirklichung dort, wo er nur auf die eigene Entfaltung gerichtet ist, oder dort, wo er auch dem anderen zur Entfaltung verhilft und sich gerade darin zu verwirklichen sucht? Ist menschliche Größe dort, wo sich der Mensch über den Menschen erhebt, oder dort, wo sich der Mensch auf eine Ebene mit seinen Mitmenschen stellt? Wird Macht dort gewinnend genutzt, wo sie für die Selbstvergrößerung gebraucht wird, oder dort, wo sie für den anderen eingesetzt wird? Die Entscheidung hat hier auch damit zu tun, wie der Mensch vom anderen Menschen denkt: Ob er dem anderen Würde zugesteht, die nicht geringer ist als die eigene, oder ob er sich herausnimmt, auf den anderen herabzusehen. Für den Glaubenden ist nur einer der Herr, und er ist in Zuneigung zu seinen Menschen der „Vater". Als „Vater" schenkt dieser dem Menschen seine Würde und gebietet er Ehrfurcht vor diesem Geschenk. Und im „Sohn" zeigt er sich unter den Menschen als einer, der dient und die Menschen zum Dienst aneinander ruft.

Bereitschaft zum Dienst kann auf böse Weise mißbraucht werden. Der Dienst verliert damit nicht seinen Wert, sondern bleibt in seinem verborgenen Glanz bei Gott aufgenommen. Dennoch: Wo die Bereitschaft zum Dienst mißbraucht wird, dort wird das Mißtrauen gestützt, brüderliches Leben unter den Menschen sei eine Utopie und die, die es dennoch versuchen, seien die Dummen. Heil wird die Welt nicht dort, wo die einen herrschen, weil die anderen dienen können, sondern dort, wo Menschen einander die Erfahrung schenken, wie ihr Miteinander gelingt, weil sie einander dienen und in gegenseitiger Ehrfurcht begegnen. Und es gibt wohl nur wenige Orte, an denen dieses Heilwerden der Welt sich so unmittelbar ereignen kann wie in der Ehe von Christen, die sich in der Nachfolge ihres Herrn zum Dienst aneinander berufen und befähigen lassen. Zwei Menschen können miteinander anfangen zu leben, was von Anfang an sein sollte, was neu eröffnet ist und das Leben glücken läßt.

Diese heilende Kraft des Glaubens für die Ehe sprengte bereits in den Anfängen des Christentums Vorstellungen von der Zuordnung von Mann und Frau, die uns heute ärgern. So ist da bei Paulus vom Mann als „Haupt" und von der Unterordnung der Frau die Rede; aber der Blick auf den, der das gemeinsame „Haupt" der Christen ist, verbot bereits dem Mann nicht nur jede Herrschaft, sondern band ihn an eine Liebe wie

Christus, und das heißt an eine dienende, sich klein machende Liebe. Insbesondere in der Ehe sollten die Christen einander die Erfahrung schenken, wie befreiend es ist, sich dienend einem Menschen anzuvertrauen, der darauf mit eigener Bereitschaft und Freiheit zum Dienst antwortet. Wenn sich diese Erfahrung mit geheiltem Menschsein über all die Jahrhunderte christlicher Ehegeschichte nur so zaghaft ausbreitete, dann lag dies daran, daß so wenige die erneuernden Möglichkeiten des Glaubens für die Ehe ergriffen und daß Ehe in einer Gesellschaft zu leben war, die sich christlichem Geist immer auch widersetzte.

Heute spricht man von partnerschaftlicher Ehe, in der die Rollen und Aufgaben so verteilt werden, daß jeder der Partner seine Möglichkeiten des Menschseins entfalten kann und dies auch dem anderen zu ermöglichen sucht. Zweifellos ist eine Umordnung und Neuordnung der Rollen zwischen Mann und Frau innerhalb und außerhalb der Ehe notwendig, weil wir mit noch so vielen Spuren der Herrschaft des Mannes über die Frau leben, die als falsche Selbstverständlichkeiten verletzen und belasten. Aber allein die Umorganisation der Rollen und Aufgaben kann hier noch nicht tief genug heilen. Es kann eine Rollenverteilung geben, die zwar partnerschaftlich ist, aber doch noch nicht herzliche Nähe fördert, weil es mehr um ausgewogene Rechte als um gegenseitige Hilfe zum Leben und um das gegenseitige Zeugnis von der dienenden Liebe im Grunde des Lebens geht. Andererseits gibt es Zeugnisse aus der Tradition, wo Christen trotz einer sehr problematischen Rollenverteilung in der Ehe doch die Erfahrung machten, in ihrem ehrfürchtigen Dienst aneinander Hilfe zum Leben zu empfangen und zu geben.

Einander vergeben

Wo zwei Menschen Gemeinsamkeit des Lebens entstehen lassen wollen und dabei nicht auf festgeschriebene Traditionen der Lebensgestaltung zurückgreifen können, entdecken sie nicht nur gemeinsame Erwartungen, Wünsche und Vorstellungen. Es wird notwendig, auch unterschiedliche Erwartungen, Wünsche und Vorstellungen erst aufeinander abzustimmen. Dies gilt nicht nur für den Anfang der Beziehung, sondern auch für viele Situationen ihrer weiteren Geschichte, in der Konflikte und Spannungen unvermeidlich sind. Eine gelingende Ehe ist nicht durch das Ausbleiben von Konflikten gekennzeichnet, sondern dadurch, daß sich der entschiedene Wille zum Miteinander darin bewährt, wie man gemeinsam nach Lösungen sucht, die zusammenführen. Gerade die Erfahrung, wie der Wille zum Miteinander den gemeinsamen Weg immer wieder finden läßt, verbindet.

Noch tiefer bindet eine andere Erfahrung: die gegenseitige Vergebung. Im Miteinander von Menschen gibt es nicht nur Konfliktsituationen, sondern auch Schuldsituationen. Auch wo eine Ehe ohne schwere Schuld bleibt, können Mann und Frau ihre Zusage, einander ein Leben lang zu lieben, zu achten und zu ehren, doch nicht so erfüllen, daß sie einander nichts schuldig bleiben. Da gibt es vielfältige Stufen, den anderen allein zu lassen, wo er sich mitteilen möchte, vielfältige Formen der Verweigerung, geduldig vom anderen her zu denken. Nicht immer wird der Verzicht gelebt, sich vom anderen ein Bild zu machen und ihn ungerecht in dieses Bild zu zwängen, statt ihn den Menschen sein zu lassen, der er ist mit seiner Geschichte und den ihm angehörenden Menschen. Daß eine Ehe gelingt trotz des alltäglich möglichen und tatsächlichen Schuldigwerdens, wirkt die Kraft der Vergebung. Nicht Schuldlosigkeit läßt die Beziehung glükken, sondern daß Menschen ihren Willen und ihr Verlangen zum Miteinander wichtiger sein lassen und schwerer wiegen lassen als die Schuld und daß sie darum einander vergeben – oft wie selbstverständlich. Wie wenig selbstverständlich und wie notwendig diese andauernde Vergebung ist, wird deutlich, wo der Wille zum Miteinander nachläßt. Da wird gefunden und behalten, was man gegen den anderen haben und ihm vorhalten kann. Wo Schuld gesucht wird, läßt sie sich entdecken. Und wo sie nicht vergeben wird, schiebt sie sich als trennende Macht zwischen die Menschen. Ehen mißlingen nicht nur durch Mangel an gekonnter Konfliktlösung, sondern auch durch verweigerte Vergebung. Einen Menschen lieben meint konkret sehr oft, so sehr an ihm hängen und so sehr die Gemeinschaft mit ihm suchen, daß keine Schuld unvergeben bleibt. Menschen bleiben einander nur nahe, wo sie auch vergeben und dadurch einander neu nahekommen. Vergebung ist eine heilende, erneuernde und verbindende Macht, ohne die auch die kleinen Wunden gefährlich offenstehen würden und ohne die auf die Dauer die Liebe sich verbrauchen müßte.

Schon in alltäglichen Situationen können Menschen durch Schuld einander Leid zufügen. Dann meint Vergebung auch, dieses Leid zu tragen, ohne es dem anderen als Vorwurf hinzuhalten. Dies kann da sehr schwer werden, wo es um schwere Schuld und um schmerzliches Leid geht. Da kann die Vergebung ihre Selbstverständlichkeit verlieren. Da kann es nicht nur schwer werden, dem anderen zu vergeben und seine Schuld in der Annahme des erlittenen Leids zu überwinden; es kann auch schwer werden, sich die Vergebung schenken zu lassen und darin die Wahrheit anzunehmen, daß das Miteinander nur durch die Leidensbereitschaft des anderen wieder möglich wird. Doch kann Vergebung gerade dann, wenn sie trotzdem geschenkt und angenommen wird, ihre Kraft entfalten. Sie kann das Miteinander, das wie aufgelöst oder sogar tatsächlich zerbrochen war, neu entstehen lassen. Vergebung ist eine schöpferische Kraft, die einem Menschenleben und einer menschlichen Beziehung neues Leben geben kann.

Ein Zeichen dafür, wie sehr Gott daran liegt, daß den Menschen ihr Miteinander trotz der Schuld gelingt, erkennt der Glaube darin, daß es so vielfältig Vergebung gibt. Wo der Glaube Vergebung sieht, sieht er Gott am Werk. Und wo er sich über die Kraft der Vergebung wundert, wundert er sich über das, was Gott im Menschen möglich ist. In unserer Gesellschaft wird mehr von Konflikt und Konfliktlösung als von Schuld und Vergebung gesprochen. Das mag wohl auch damit zusammenhängen, daß das Vertrauen in die Kraft der Vergebung schwinden kann, wo es sich nicht mehr auf Gottes neuschaffende Macht der Vergebung stützt. Ohne Vertrauen auf die Kraft der Vergebung aber kann der Zwang entstehen, Schuld zu verheimlichen. Der Glaube befreit zur Wahrheit menschlicher Schuld, weil er sich Gottes unermüdbarem Vergebungswillen anvertrauen darf – in alltäglicher Schuld wie in Schuld, die tief erschüttert. Er sieht in Jesus Christus das wirksame Zeichen, daß Gott seinen Willen zur Heimkehr des Menschen schwerer wiegen läßt als die Sünde; daß er sich durch Sünde nicht abbringen läßt von seiner Liebe zum Menschen; daß er sich in seiner Beziehungsmacht stärker erweist als die trennende Macht der Sünde; daß er in seinem Sohn an der Sünde des Menschen gelitten hat, um mit dieser Zuwendung bis zum Letzten den Menschen vergebend doch noch zu erreichen und ins Leben zu retten. Und der Glaubende sieht sich im Dienst dieses Willens zur Vergebung und dieser Macht der Versöhnung. Die Berufung zum Christsein schickt den Christen zum Mitmenschen mit dem Auftrag: Vergebt einander, wie ich euch getan habe; laßt euch nicht voneinander trennen durch die Schuld aneinander; laßt euer Miteinander gelingen und erneuern aus der Kraft der Versöhnung.

Diese Berufung und Bevollmächtigung prägt auch die christliche Ehe. In ihr dürfen und sollen Christen einander die Erfahrung schenken, wie das Ja-Wort auch in der Weise der Vergebung trägt und verbindet. Das christliche Vertrauen auf das Gelingen der Ehe gründet nicht auf der Erwartung, das Eheversprechen schuldlos zu erfüllen; es gründet darauf, in alltäglicher gegenseitiger Vergebung keine Schuld so wachsen zu lassen, daß sie zur trennenden Macht wird; es gründet darauf, daß auch noch da, wo ein neuer Anfang miteinander notwendig wird, dieser neue Anfang durch Versöhnung möglich ist. Und mit diesen Erwartungen gründet das christliche Vertrauen auf das Gelingen der Ehe in Gottes wirkmächtigem Willen, Menschen, die ihr Miteinander wollen, vergebungsbereit und vergebungsfähig zu machen und ihre zwischenmenschliche

Vergebung mit seiner Kraft zum Neuen zu erfüllen. Und die mit der verbindenden Kraft der Vergebung in der Ehe gemachten Erfahrungen können als Erfahrungen mit Gottes Wirken am Menschen die hoffnungsvolle Erwartung stärken, daß sein versöhnender Friede überall stärker ist, wo Menschen ihn einlassen in ihre Geschichte miteinander.

Einander freigeben

Was Ehe als Lebensgemeinschaft meint, kann auf unterschiedliche Weise befragt werden. Unter Rücksicht auf die tatsächlich gemeinsam gelebte Zeit kann gefragt werden, ob es heute nicht nüchterner ist, von der Ehe als Freizeitgemeinschaft zu reden. Im Blick auf die verbreitete Trennung der beruflichen, politischen und privaten Lebensräume kann gefragt werden, ob die Ehe nicht vor allem als gemeinsamer Raum des Rückzugs in die Privatheit zu verstehen ist. Noch tiefer greift die Frage, wie weit das Wort von der Lebensgemeinschaft wirklich meint, daß in der Ehe zwei Menschenleben zu einem gemeinsamen Leben zusammenwachsen können und sollen. Kann mit dem Zusammenwachsen in der Lebensgemeinschaft der Ehe gemeint sein, daß das je Eigene der Lebensgeschichte in der gemeinsamen Lebensgeschichte aufgeht? Ist es realistisch und menschlich, daß die Lebensgemeinschaft das Aufgeben des Eigenlebens einschließt?

In vielen Ehen wird gerade angesichts hoher Erwartungen an die gegenseitige Beheimatung in der Ehe eine Spannung erfahren. Einerseits wird eine umfassende Gemeinschaft miteinander gesucht; andererseits aber wird auch gefürchtet, eben diese Gemeinschaft könne der eigenen Selbstverwirklichung im Wege stehen. Die Bindung aneinander gibt Halt. Wie aber kann vermieden werden, daß sie sich auch beengend auswirkt? Gemeinsamkeit des Lebens ist ein hoher Wert. Wie aber kann Gemeinsamkeit so gelebt werden, daß sie nicht zur gegenseitigen Behinderung wird? Woran liegt es, daß diese Fragen ausgesprochen und von vielen als wichtig empfunden werden? Äußert sich darin bereits ein Stück Resignation? Daß man zwar Gemeinschaft will, aber nicht zu viel, weil so, wie wir Menschen sind, das Miteinander auch zur Gefangenschaft werden kann? Daß man zwar Nähe sucht, aber nicht zu viel, weil so, wie wir Menschen sind, Nähe auch Reibung bedeutet?

Sagt ein Mensch zu einem anderen Menschen in der Faszination der Liebe „Du bist mein ein und alles; mein ganzes Glück bist du allein", so mögen dies aus der erfahrenen Fülle des Augenblicks heraus gute Worte sein. Werden sie aber als Worte gemeint und verstanden, die nicht vom Augenblick, sondern vom Ganzen des Lebens sprechen, so müßte ein Mensch, dem diese

Worte gesagt werden, erschrecken. Kann ein Mensch für einen Menschen alles sein? Kann er für einen Menschen volles Glück sein, das nichts offen läßt? Darf ein Mensch die Erwartung zulassen, daß der andere Mensch nur noch die Geschichte mit ihm braucht, um sich darin ganz zu entfalten und allein darin seine Sehnsucht zu stillen? Die Erfahrung der Menschen miteinander muß diese Fragen verneinen. Ein Mensch kann einem anderen Menschen wohl zusagen: „Ja, ich will ein Glück für dich sein." Er muß aber auch hinzufügen: „Dein ganzes Glück kann ich nicht sein; du brauchst nicht nur eine Geschichte mit mir; du brauchst neben mir noch andere und deine Geschichte mit diesen anderen; du darfst in mir nicht aufgehen wollen, um in mir alles zu finden; du mußt auch du selbst bleiben – mit mir, ja, aber auch ansprechbar für andere, mit deiner auch eigenen Beziehung zu anderen." Darin liegt nicht Zurückweisung, sondern Annahme des anderen Menschen mit seinem notwendig auch eigenen Leben. Diese Annahme gibt den anderen frei in seine auch eigene Lebensgeschichte und nimmt ihn gerade dadurch an. Lebensgemeinschaft in der Ehe meint dann nicht, daß Menschen das ganze Leben des anderen besetzt halten. Es entsteht nicht aus zwei Lebensgeschichten eine einzige Lebensgeschichte, die nur noch das Miteinander kennt. Wohl meint Lebensgemeinschaft, daß jeder sein auch eigenes Leben in die Gemeinschaft einbringt und der eine Anteil nimmt am anderen. So kann ein Miteinander entstehen, das vieles umfaßt. Nicht nur die gemeinsam verbrachte Zeit gehört dazu, sondern auch die Zeit, in die man einander in Gedanken begleitet und die nachher mit ihrer Freude und Last mitgeteilt wird. Nicht nur das, was man gemeinsam tut, gehört zu diesem Miteinander, sondern auch das je eigene Werk, das vom anderen bejaht, angesehen und mitgetragen wird.

Daß zur Ehe zweier Menschen die gegenseitige Freigabe in das auch je eigene Leben dazugehört, erhält in der Sicht des Glaubens einen letzten Grund. In dem Zugeständnis, einander nicht alles, füreinander nicht das ganze Glück sein zu können, verweist der Glaubende den anderen nicht nur an andere Menschen. Der Glaubende sieht den anderen immer auch in seiner Beziehung zu dem Gott seines Lebens, der allein so reich ist, daß der Mensch in ihm erfüllende Ruhe für seine Sehnsucht findet. Daß kein Mensch das Leben eines anderen besetzen darf und kein Mensch sein eigenes Leben im Miteinander mit einem anderen Menschen aufgehen lassen darf, findet im Glauben seine letzte Begründung darin, daß jedes Leben eines Menschen auch Geschichte mit seinem Gott ist. Dies bleibt auch je eigene Geschichte, wenn sie in der Lebensgemeinschaft der Ehe als Geschichte gemeinsamen Glaubens an Gott gelebt wird. Zur gläubigen Ehrfurcht vor der Freiheit des anderen Menschen gehört die Überzeugung, daß der andere von Gott bei seinem Namen gerufen ist und mit seinem Leben zur Antwort auf Gott werden soll.

Diese Ehrfurcht bestimmt auch die christliche Ehe als Lebensgemeinschaft und schützt die Freiheit in der Gemeinschaft der Ehe. Einander gegeben sein meint hier nicht, einander besitzen dürfen. Mann und Frau werden einander gegeben mit dem Geheimnis ihres Lebens. Ihre Lebensgemeinschaft löst dieses Geheimnis des eigenen Lebens nicht auf im Geheimnis des Miteinanders, sondern lebt darin. So meint Ehrfurcht vor der Freiheit des anderen in der Lebensgemeinschaft der Ehe: „Es darf für dich nicht nur mich geben; ein anderer ruft dich – auch in unserem Miteinander; von ihm will ich dich mir immer wieder geben lassen; mit ihm sollst du deine Geschichte haben – auch in der Geschichte mit mir." Solche Freigabe des anderen in sein auch eigenes Leben mit Gott ist nicht ein Alleinlassen. Sie ist Weggemeinschaft, in der Menschen füreinander nicht zum Ziel, sondern einander Helfer zum Ziel werden.

In dieser Sicht stehen eheliche Vertrautheit und Nähe nicht gegen die Erfahrung, daß der andere ein Geheimnis bleibt. Gerade in der Vertrautheit wird vertraut, wie der andere Mensch auch der andere bleibt und mit seinem Geheimnis nie Eigentum eines anderen werden kann. So kann mit dem Verstehen in der Ehe auch nicht gemeint sein, daß das Geheimnis des anderen aufgelöst wird. Sich selbst bleibt der Mensch ein Geheimnis, und gerade wo ein Mensch einen anderen versteht, steht er vor dessen Geheimnis. Alles kommt darauf an, wie dieses Geheimnis gedeutet wird. Begegnet der Mensch damit in sich und im anderen einem namenlosen Abgrund und einer letzten Verständnislosigkeit? Menschen würden dann im eigenen Geheimnis wie im Geheimnis des anderen an eine Grenze stoßen, wo sie sich und einander fremd bleiben. Jesus spricht zum Geheimnis seines Lebens und nennt es „Vater" in der Gewißheit, daß das Geheimnis des Menschen nicht auf Fremdheit, sondern auf letzte Heimat, auf umfassendes Verstehen und liebende Führung verweist. Im Glauben an diese Botschaft ist das eigene Lebensgeheimnis wie das des anderen nicht Grenze, an der Fremde beginnt, sondern eine Tür, durch die sich Gott als Fülle des Lebens zusagt und gibt. Einander freigeben in dieses Geheimnis des eigenen Lebens meint dann im Glauben: einander Gott als Vater anvertrauen und Gott zutrauen, daß er den anderen ganz versteht und mit ihm eine gute, sorgende und liebende Geschichte hat. Die Erfahrung, einander nicht alles sein zu können und einander nicht erfüllen zu können, läßt den Menschen ahnen, daß seine Sehnsucht zu weit ist, um allein vom Menschen gefüllt zu werden, und daß darin die Verheißung eines Glückes in Gott lebt, das tiefer verbindet, als wenn Menschen einander erfüllen könnten. Gerade als Gemeinschaft der Hoffnung füreinander meint Lebensgemeinschaft in christlicher Ehe nicht Enge, sondern Offenheit. In der Hoffnung nehmen Menschen einander nicht in Besitz, sondern geben sie einander frei; und zwar nicht, um sich voneinander zu entfernen, sondern um nicht beieinander stehenzubleiben, um miteinander auf dem Weg zu sein.

4
Miteinander anderen leben helfen

Einander und miteinander Nächste werden

Die Lebensweisung von der Nächstenliebe geht davon aus, daß dem Menschen sein Mitmensch auf vielfältige Weise so nahekommen kann, daß er für ihn zum Anspruch wird. Als Mensch leben meint, mit anderen Menschen zu leben. Darin liegt der Anspruch, nicht nur dem eigenen Leben seinen Raum zu sichern, sondern ihn auch dem nahekommenden Leben des anderen zu geben, das Leben des anderen ebenso zu wollen wie das eigene, am Glück des anderen nicht weniger interessiert zu sein wie am eigenen Glück. Zum Miteinander von Menschen kommt es nur dort, wo Menschen dieses zulassen, daß das Leben anderer im eigenen Leben wichtig wird, und wo das, was den anderen betrifft, eigene Betroffenheit auslöst. Wo Menschen andere Menschen nicht in ihr Leben hineinlassen, bleibt es beim Nebeneinander, das schnell zum Gegeneinander entartet.

Wo Mann und Frau einander zur Ehe annehmen, werden sie einander auf einzigartige Weise zu Nächsten. Sie lassen es zu und wollen sogar mit Entschiedenheit, daß ihnen das Leben eines anderen Menschen so wichtig wird wie das eigene Leben und daß ein gemeinsamer Lebensraum entsteht. Wo Liebe mehr ist als ein vages Gefühl, nimmt sie das Leben des anderen mit seinem Hoffen und Sorgen, mit seiner Freude und Not hinein in die eigene Lebensmitte und gibt ihm dort Raum wie dem eigenen Hoffen und Sorgen, der eigenen Freude und Not. Es mag vielleicht ungewohnt sein, die Lebensweisung von der Nächstenliebe auf die Ehe zu beziehen; wird es doch als Selbstverständlichkeit empfunden, daß wenigstens in der Ehe diese Weisung Geltung hat. Gleichwohl zeigt die Wirklichkeit, wie auch da Nächstenliebe nicht selbstverständlich ist, wo es eigentlich ganz naheliegt, daß der Mensch nicht mehr seine eigene Mitte für sich bleibt, sondern eine gemeinsame Mitte im Miteinander entstehen läßt. Auch in der Ehe ergibt sich Nächstenliebe nicht von selbst. Es geschieht nicht ohne Aufmerksamkeit und Mühe, daß die Bedürfnisse des anderen den gleichen Rang erhalten und ebenso wahrgenommen und zugelassen werden wie die eigenen Bedürfnisse. Nicht ohne Widerstand kann eingeübt werden, vom anderen her zu denken. Nicht ohne Geduld wächst die Gewohnheit, die Freude des anderen zur eigenen Freude und die Not des anderen zur eigenen Not werden zu lassen.

Daß dennoch wenigstens die Ehe als Lebensraum gesucht bleibt, in dem Menschen einander zu Nächsten werden und sich auf einen anderen hin verlassen, kann als wichtiges Zeichen dafür gedeutet werden, wer der Mensch ist und sein soll. Der meist bitter gemeinte Spruch „Jeder ist sich selbst der Nächste" mag vielfach gelebte Wirklichkeit einfangen; aber da ist auch das Verlangen, sich wenigstens einen Menschen zum Nächsten werden zu lassen und diesem zum Nächsten zu werden. Es gibt den Verdacht, daß, wenn nicht einmal mehr Mann und Frau in der Ehe einander zu Nächsten werden, die Menschen einander nur noch Fremde und Ferne bleiben. Und als Not des Allein-Bleibens wird nicht nur gefürchtet, keinen Menschen für sich zu haben, sondern auch, selbst für niemanden und dann auch für nichts dazusein. Wird doch das Ereignis, daß einem ein anderer Mensch als Nächster wichtig wird, nicht nur als belastender, sondern auch als erfüllender, ja befreiender Anspruch erfahren. Keinen Menschen als Nächsten haben, nur sich selbst als Lebensinhalt haben ist Armut und Gefangenschaft. Und einen Nächsten finden meint, Sinn empfangen und frei werden von der Begrenzung auf das Nur-Eigene.

Im christliche Glauben ist die Nächstenliebe mehr als nur eine moralische Anweisung. Sie ist eine Wegweisung des Menschen zu seiner Wahrheit und zu seiner Berufung. So ist der Mensch, daß er sich den Menschen zum Nächsten werden lassen muß, wenn er sinnerfüllt und gelingend leben will. Nur mit sich selbst als Mitte kann sich das Leben des Menschen nicht entfalten. Geschaffen und berufen ist und bleibt der Mensch dazu, zum Nächsten für den Menschen zu werden. Die Christen vergegenwärtigen diese Wahrheit, wenn sie sich und andere an das Wort und an das Verhalten Jesu Christi erinnern. Er ließ sich den Menschen zum Nächsten werden, ließ ihn sich so nahe kommen, daß des Menschen Not seine eigene Not wurde. Der Christ glaubt an das Geschehen, daß er selbst mit den Menschen gemeint ist, die Jesus damals im Namen Gottes als Nächste annahm und seinem Leben verband. Er ist also dem Sohne Gottes und in ihm dem „Vater" nicht fremd und fern, sondern nahegebracht. Und darin sieht er den neuen Anfang einer Geschichte, in der Gott die Menschen einander gibt, damit sie einander Nächste werden und den Kampf kämpfen gegen Fremdheit und Ferne.

Einander zur Ehe gegeben sein meint dann für Christen, zunächst: mit diesem einen Menschen es geschehen lassen, einander zum Nächsten zu werden, sich gegenseitig herausrufen und herausrufen lassen aus den nur eigenen Wünschen und Sorgen, der nur eigenen Freude und Not zu den Wünschen und Sorgen, der Freude und Not eines anderen Menschen, der einem nahegekommen ist. Ein weiteres kommt hinzu: daß Christen einander in ihrer Ehe nicht so zu Nächsten werden, daß alle anderen ihnen fremd und fern bleiben. Die Nächstenliebe verblaßt als Zeichen dessen, was Gott in Jesus Christus neu hat beginnen lassen, wenn sie auf die Ehe begrenzt wird. Es gibt auch einen Egoismus zu zweit und eine Einsamkeit zu zweit, wenn der Lebensraum zweier Menschen miteinander so abgeschlossen bleibt, daß sie außer einander keinen Nächsten mehr haben. Die eheliche Erfahrung, wie das eigene Leben gewinnt, wo es sich für einen anderen Menschen als Nächsten öffnet, soll weiterführen zur Offenheit der Ehe für andere Menschen als Nächste. Im Lebensraum der Ehe soll Raum sein für das Wünschen und Sorgen, die Freude und Not anderer Menschen. Auch für die Ehe bedeutet dies Reichtum und Freiheit.

Die Lebensweisung von der Nächstenliebe hängt in der Glaubenstradition nicht zuletzt mit der Gastfreundschaft zusammen. In diesem Zusammenhang will sie die Gemeinschaft, in denen Menschen einander zu Nächsten werden und so einander leben helfen, offenhalten für den Fremden, damit dieser als Gast zum Freund, zum Nächsten werden kann. Dies war einmal lebensnotwendig, als Menschen auf ihren Wanderungen davon abhängig waren, in der Fremde eine offene Tür und einen Platz am Tisch von Menschen zu finden. Heute ist es für viele lebensnotwendig, daß ihre Not und Einsamkeit, ihre Armut und Last hereingelassen wird in den Lebensraum von Menschen, die in ihrem Miteinander sich retten konnten aus der Fremde zur Nähe. Eine Ehe im Glauben ist eine Wohnung, in der zur rechten Zeit die Tür auch auf ist für den anderen Menschen als Nächsten; denn im Glauben läßt die offene Tür für den Nächsten nicht nur den Menschen beim Menschen ein; sie schenkt zugleich das Wohnen Gottes bei den Menschen und öffnet auch das Haus Gottes, damit der Mensch in ihm endgültig den Raum seines Lebens findet.

Miteinander für neues Leben dasein

Gemeinschaft in der Ehe entsteht und wächst nicht nur dadurch, daß Mann und Frau einander zugewandt leben, sondern auch dadurch, daß sie sich gemeinsam anderem zuwenden: der Gestaltung ihres Lebensraumes, der beruflichen Existenz, der Erfahrung der Natur, der Not des Nächsten, gemeinsamen Freunden, dem Spiel usw. Nur einander haben, aber sonst nichts gemeinsam haben, begründet und trägt noch keine Lebensgemeinschaft. Die Verbundenheit miteinander wird nicht nur gefüllt durch die Bindung aneinander, sondern auch durch verbindende Interessen und Aufgaben, Erfahrungen und Anliegen. Die besondere Weise, in der Mann und Frau zur Gemeinschaft finden nicht nur durch ihr Ja zueinander, ist ihr gemeinsames Ja zum Kind – sei es das Kind, das ihnen in ihrer Ehe geschenkt wird, oder das Kind, das sie in ihre Ehe aufnehmen. Wo die Möglichkeiten des Miteinanders auch für neues Leben genutzt werden, wird das Miteinander um so reicher.

Dieser Erfahrung wird auch in unserer Gesellschaft kaum offen widersprochen. Und doch gibt es einen praktisch gelebten Zweifel, ob diese Erfahrung sich wirklich einstellt, wenn Mann und Frau gemeinsam ja sagen zu neuem Leben und sich gemeinsam für neues Leben beanspruchen lassen. Es gibt den öfter praktizierten als auch ausgesprochenen Verdacht, durch Kinder am Leben und an der vielfach beschworenen Selbstverwirklichung behindert zu werden. Zumindest sind Kinder in unserer Gesellschaft in eine Konkurrenzsituation geraten. Lebensraum steht für sie nicht einfach offen, sondern muß für sie erst freigemacht werden. Wer sich Kinder leistet, kann sich manches andere nicht mehr leisten. Wer seine Zeit und Kraft für Kinder verfügbar macht, kann über weniger Zeit und Kraft verfügen für seinen Beruf und seine Freizeit. Wer Kindern Raum gibt im eigenen Leben, hat weniger Raum für sich selbst. Insbesondere die Frau wird davon betroffen, und gerade dort, wo nicht nur das Kind in Konkurrenz zu anderen Erwartungen an das Leben tritt, sondern auch Konflikte anstehen, wie Mann und Frau ihre Rollen als Eltern gemeinsam gestalten können, ist es nicht mehr selbstverständlich, daß die Ehe auch bereit ist, zur Familie zu werden. Oft wird die Ehe erst durch eine bewußte Entscheidung offen für Kinder. Zur Entscheidung stehen dabei drei Fragen, bei deren Beantwortung Grundüberzeugungen wirksam werden.

Zum einen: Liegt in der Möglichkeit, daß in der ehelichen Gemeinschaft von Mann und Frau neues Leben entstehen und heranwachsen kann, auch schon ein Auftrag, sich für neues Leben beanspruchen zu lassen? Oder ist die Bereitschaft zum Kind so in das Belieben der Ehe gestellt, daß jeder Grund ausreicht, um Kinder auszuschließen? Müssen sich Mann und Frau in der Ehe wenigstens die Frage stellen, wie sie verantwortlich mit der Möglichkeit umgehen, Kinder zu haben, oder können sie diese Frage einfach ausblenden aus ihrer Lebensverantwortung? Und wenn es hier um eine zu verantwortende Entscheidung geht, vor wem ist sie dann zu verantworten: nur vor dem eigenen Verlangen oder dem Verlangen des Partners nach Fruchtbarkeit und vielleicht noch vor der gemeinsamen Zukunft der umfassenden Lebensgemeinschaft, sonst aber vor nichts und niemandem? Im Glauben geht es um eine Verantwortung auch vor Gott, der neues Menschenleben nicht vorbei am Ja-Wort der Eltern, sondern als von Eltern aufgenommenes Leben will. Im Glauben heißt darum die Frage: Wie dürfen und sollen wir uns in unserer Situation und mit der Möglichkeit, daß in unserem Miteinander neues Leben entsteht und aufwächst, so für Gott offenhalten, daß wir ihn Schöpfer sein lassen, ihn neues Leben wollen lassen, ihn uns zur Annahme neuen Lebens rufen lassen? Und im Glauben neues Leben bejahen meint dann: sich einen neuen Menschen von Gott geben lassen, um für ihn dazusein und dadurch für ihn zugleich zum Zeichen zu werden, daß er von Gott gewollt ist. Und das miteinander im Glauben tun meint: sich von Gott her auch dadurch verbinden lassen, daß man als Vater und Mutter gemeinsam für ein Kind oder Kinder da ist.

Die weitere Frage ist damit schon ausgesprochen: Wodurch gelingt eheliches Leben: nur durch das, was es sich gemeinsam leisten kann und sich gemeinsam verfügbar macht, oder auch durch das, wofür es sich gemeinsam beanspruchen läßt? Wovon lebt die Ehe: nur von dem, was sie hat, oder auch von dem, wofür sie da ist? Der christliche Ruf zu sinnvollem und gelingendem Leben ruft den Menschen an, sich mit seinen Möglichkeiten für anderes Leben in Dienst nehmen zu lassen. Vielfältig sind die Möglichkeiten der Antwort. Eine Antwort wird bereits gelebt, wo Mann und Frau füreinander da sind. Doch bietet sich ihnen auch noch die Möglichkeit, gemeinsam für neues Leben dazusein und auch dadurch ihre Ehe gelingen zu lassen. Aus der Grundüberzeugung, daß Leben gerade dort lebendig wird, wo es für anderes Leben gelebt wird, kann sich eine Einstellung bilden, in der das Kind angenommen werden kann auch mit dem, was es an Einschränkung und Belastung mit sich bringt. In den für das neue Leben angenommenen Einschränkungen werden weiterführende Möglichkeiten ergriffen, sinnerfüllt zu leben; und aus der für das neue Leben angenommenen Belastung kommt, wo sie nicht überlastet, innere Kraft zum Leben. Wo dies erwartet und erfahren wird, kann auch Widerstand geleistet werden gegen die Versuchung, Kinder für sich haben zu wollen: um von ihnen Dank zu ernten, um in ihnen Lebenspläne verwirklicht zu sehen, um sie festzuhalten als Besitz. Es kann wahrgenommen werden, wie das Dasein für Kinder schon in sich sinnerfüllt ist und nicht erst den Dank braucht, um sinnvoll zu werden. Es kann die Freiheit gewonnen werden, Kinder freizugeben in ihre Lebensmöglichkeiten und in ihre Lebensgeschichte.

Doch bleibt die Frage, wie neues Leben vor diesem neuen Leben selbst zu verantworten ist. Kann ein Menschenleben doch auch schwer, manchen zu schwer werden. Die Frage wird ernst gestellt nicht zuletzt angesichts einer Zukunft, in der in der allgemeinen Stimmung unserer Gesellschaft eher Bedrohungen als Verheißungen wahrgenommen werden. Und die Frage wiegt viel, wenn Menschen sich dessen bewußt sind, wie wenig sie es als Eltern in der Hand haben werden, ihrem Kind einen ebenen und freundlichen Lebensweg zu bereiten. Wird vielen in unserer Gesellschaft das Ja zum Kind schwer nicht nur wegen verwirrter und fehlgeleiteter Ansprüche an das Leben, sondern auch und gerade wegen mangelnder Hoffnung für das eigene Leben wie dann auch für das Leben möglicher Kinder? Muß dann der Verzicht auf Kinder als mehr oder minder bewußt geleisteter Verzicht auf Zukunft gedeutet werden? Hängen möglicherweise die verwirrten oder fehlgeleiteten Ansprüche an das Leben und die mangelnden Hoffnungen für das Leben noch einmal zusammen? Muß die Lebenshoffnung dort schrumpfen, wo sie sich darauf stützt, ohne Leid und Last durchs Leben zu kommen? Ist der Wille zum Leben – zum eigenen Leben und zum Leben von Kindern – nur dort begründbar, wo er auch noch Hoffnung in nicht einfach abschaffbarem Leid aufrichten kann und auf eine unausschöpfbare Kraft verweisen kann, die auch Lebenslast tragen hilft? Das glaubende Ja zum Kind wird nicht von einem naiven Lebensoptimismus getragen. Es wird getragen von dem Vertrauen, daß Gott den Willen und die Macht hat, jedem Menschenleben Sinn zu schenken, daß er auch noch im Leid Hoffnung eröffnet und daß er Kraft gibt, wo Last zu tragen ist. Das heißt nicht, daß im Glauben jede Lebenssituation so gedeutet werden kann, daß sie sich offenhalten soll für neues Leben. Es heißt aber wohl, daß die eigene Hoffnung auf Gott eingebracht wird in das verantwortete Ja-Wort zum Kind als Hoffnung auch für dieses Kind. Im Glauben kann neues Leben vor diesem neuen Leben dann auch dadurch verantwortet werden, daß ihm ein Gott des Lebens bezeugt wird, dem es sich in Hoffnung anvertrauen und in Liebe übereignen kann.

Offen sein für die Gemeinschaft der Menschen

Daß Ehe nicht meint, Mann und Frau sollten nur noch einander und ihre Kinder kennen und sonst nichts als Lebensinhalt haben, ist leicht einzusehen. Wird das Lebensinteresse nur auf die Ehe und Familie begrenzt, so kann es zu eng werden. Ein nur noch zu zweit geführtes Gespräch kann verarmen. Die nur auf Ehe und Familie beschränkte Lebensaufgabe kann zu klein werden. Es tut einer Ehe gut, wenn sie Freunde hat und Gäste, wenn sie sich interessiert für ihre Umwelt und sich darin auch engagiert. Das wird niemand leugnen. Kritisch wird es erst, wo die Offenheit für die Umwelt nicht nur als Anregung für die Ehe und Familie erfahren wird, sondern auch Zeit, Kraft und Geld kostet, die einen Verzicht auf Möglichkeiten in der Ehe und Familie bedeuten. Die Zeit und Kraft, die der eine oder auch beide Partner von anderen beanspruchen lassen, können dem Miteinander in der Ehe wirklich fehlen. Es kann schwer werden, den anderen freizugeben für andere. Es ist ein Abweichen von der Norm in unserer Gesellschaft, wenn materielle Habe auch mit Menschen außerhalb der Familie geteilt wird. Und es stellt sich die Frage, ob es sinnvoll ist, daß Menschen auf manche Möglichkeiten und Wünsche ihres gewollten und gesuchten Füreinanders in der Ehe verzichten, um auch noch für andere dazusein und mit anderen zu teilen.

Es gibt Lebensperspektiven, die allein auf ein privates Glück ausgerichtet sind und sich beschränken auf die kleine Welt von Ehe und Familie. Gerade weil in dieser kleinen Welt manches an Glück möglich und wirklich werden kann, was sonst entbehrt wird, kann es naheliegen, sich mit dem Rücken gegen die anderen einen Raum gemeinsamen Wohlseins zu schaffen und diesen gegen Anfragen und Ansprüche von draußen sorgsam abzuschirmen. Und doch kann ein solcher Rückzug die kritische Frage nicht abschütteln, ob ein so ummauertes Haus mit verschlossenen Fenstern und Türen wirklich menschlich ist. Es gibt zumindest eine Alternative: die lebendige Sehnsucht nicht nur nach dem eigenen Glück, sondern auch nach dem Glück für die anderen; die Betroffenheit davon, daß Menschen Lebenshilfe brauchen; die Verantwortung für den Lebensraum, den die Ehe und Familie mit anderen gemeinsam hat. Natürlich braucht die Ehe auch in dieser Alternative Zeiten des Rückzugs in das Miteinander. Sie braucht Kraft, die für das Füreinander eingesetzt wird, und Sorge, die der eigenen materiellen Grundlage dient. Die Frage ist, wie das eheliche Miteinander und Füreinander noch einmal zu sehen und zu leben ist im größeren Miteinander und Füreinander der Menschen.

Entsprechend zu Hoffnungen, die sich auf das private Glück in Ehe und Familie begrenzen und darüber hinaus an Fragen der großen Menschengemeinschaft – etwa am Frieden – nur wegen der

Folgen für die eigene Privatexistenz interessiert sind, gibt es auch Hoffnungen auf Gott, die kaum mehr erwarten als Segen für das Gelingen von Ehe und Familie. Etwas überzogen gesagt: Es gibt religiöse Einstellungen und Verhaltensweisen, in deren Mitte eine Art „Familiengott" steht. Diese Einstellungen und Verhaltensweisen müssen sich allerdings befragen lassen, ob ihr Gottesglaube sich orientiert an der christlichen Botschaft von Gott. Der Gott der Christen ist kein Familiengott, nicht einmal ein Stammes- oder Volksgott. Er ist der Gott und Vater aller Menschen, und sein Wille ist ein umfassendes Miteinander und Füreinander der Menschen. In den Bildern der Hoffnung auf diesen Gott lebt die Sehnsucht nach alle verbindender Gemeinschaft, nach einem umfassenden Frieden, nach gerechten Verhältnissen und nach einem Trost für alle Leidenden. Der Mensch dieser Hoffnungsbilder lebt nicht in einem Getto umzäumter Privatheit, sondern in der Gemeinschaft der Menschen. Indem er auf Gott hofft, hofft er immer auch mit anderen und für andere. Er sucht nicht nur Heil für seine eigene kleine Welt, sondern ein Heilwerden von allem. Und das läßt ihn mitleiden mit den Leidenden, wie es ihn auch sich mitfreuen läßt mit der beginnenden Freude der anderen und auf eine einmal vollendete Freude aller.

Diesen Gott aller Menschen als Gott für die eigene Ehe haben hält die Ehe offen für die Gemeinschaft der Menschen. In der Hoffnung auf diesen Gott meint die gegenseitige Annahme in der Ehe darum: im anderen auch mit annehmen, wie er mit seiner Begabung und seinem Beruf gebraucht wird, um auch noch anderen leben zu helfen und auch noch der umfassenderen Gemeinschaft verfügbar zu sein. Auf diesen Gott hoffen in der Ehe meint dann: nicht nur Zeit und Kraft haben für die Geschichte miteinander, sondern auch für Gottes Geschichte mit den Menschen, damit sein Wille nicht nur in der Ehe geschehe. In dieser Hoffnung offen sein für die Gemeinschaft der Menschen läßt dann die Frage zu, wie ein Teilen möglich ist über die Familie hinaus – ein Teilen der inneren Kräfte zum Leben wie auch ein Teilen materieller Lebensgüter. Das alles kann echten Verzicht bedeuten. Und es kann töricht erscheinen, die Möglichkeiten des Miteinanders in der Ehe nicht voll auszuschöpfen, um es möglichst gut miteinander zu haben. Doch dies ist eben die weise Torheit christlicher Hoffnung auf Gott: in der Hoffnung auf Gottes Zukunft für alle um der anderen willen auch etwas auslassen können. In der Hoffnung muß sich das Leben nicht schon möglichst satt machen, es kann hungrig bleiben. Hoffendes Leben, das das Glück für alle erwartet, muß nicht krampfhaft möglichst viel eigenes Glück suchen.

Eine Offenheit der Ehe, die mit ihrem Denken und Anteilnehmen, ihrer Zeit, Kraft und Habe auch verfügbar bleibt für die Gemeinschaft der Menschen, kann als Gewinn auch für die Ehe erfahren werden. Erwächst diese Offenheit aus der Weite christlicher Hoffnung, dann stellt sie die Ehe in eine große Gemeinschaft menschlichen Hoffens auf Gott. Die Zweisamkeit wird reicher, wenn in ihr auch noch Raum ist für die Freude und Not anderer. Und die gegenseitige Lebenshilfe entfaltet eine besondere Möglichkeit, wenn aus dem Miteinander in der Ehe auch Kräfte für andere gewonnen werden.

5

Gemeinsam vor Gott leben

Glauben, hoffen, lieben

Wenn in unserer Gesellschaft von Fähigkeiten zum Leben und zum Eheleben die Rede ist, wird oft nur an Fähigkeiten etwa der folgenden Art gedacht: eine Existenz aufbauen, das äußere Leben organisieren, Konflikte regeln, eine Hauswirtschaft führen usw. ... Menschen, die diese Fähigkeiten erworben haben, können sich dennoch in ihrer Lebensfähigkeit behindert oder sogar bedroht sehen, wenn sie keine tragenden Gründe zum Leben sehen und den Verdacht nicht loswerden, ihnen und uns allen könnten die inneren Kräfte zum Leben ausgehen. Dies muß auch die Fähigkeit zur Ehe behindern oder sogar bedrohen. Es soll darum versucht werden, Grundfähigkeiten zum Leben, die im christlichen Leben „vor Gott“ gewonnen werden, zu vergegenwärtigen und ihre Bedeutung für die Ehe aufzuzeigen.

Christen vor uns haben ihre Erfahrung, wie sie im Glauben von einem neuen Willen zum Leben ergriffen wurden und eine neue Fähigkeit zum Leben empfingen, in drei Grundworten ausgesagt: glauben, hoffen, lieben. Diese Grundworte zeigen an, aus welchem Antrieb und aus welcher letztlich tragenden Kraft der Christ leben und auch seine Ehe leben kann und soll.

Die Gabe des Glaubens meint die Fähigkeit zum Leben, die der Mensch empfängt, wenn er es aufgibt, sich selbst zu tragen und eigenmächtig seinen Weg zu bestimmen, und dazu findet, sich von Gott tragen zu lassen und sich seiner Wegweisung anzuvertrauen. Christlich meint diese Gabe: mit Jesus Christus zu seinem Gott, den er uns als unseren Gott gibt, „Vater" sagen, ihm damit in allen Situationen machtvoll helfende Nähe zutrauen und sich auf den Weg einlassen, den er als Weg zum Leben zeigt. Lebensfähigkeit schenkt diese Gabe dadurch, daß sie vertrauensvoll leben läßt; und zwar nicht nur in einem allgemeinen oder gar naiven Lebensvertrauen, sondern im Vertrauen auf den Gott, der sich in seinem Sohn den Menschen zugesagt und auch noch Leid und Tod als Weg zum Leben geöffnet hat. Mit der Gabe des Glaubens kommt auch dadurch Lebenskraft, daß sich der Mensch in ihr beanspruchen läßt für sinnvolle Ziele, die ihm der Gott seines Lebens für sein Leben schenkt. Den Gott und Vater Jesu Christi als Gott des eigenen Lebens haben meint: dem Willen dieses Vaters im eigenen Lebenswillen Raum geben und dabei darauf bauen, daß Gottes Wille auf das Gelingen des Lebens seiner Menschen gerichtet ist.

Glaubend eine Ehe eingehen und leben meint dann: sich davon tragen lassen, daß Gottes machtvoller Wille zum Gelingen der Ehe wirklich und wirksam trägt. Die christliche Ehezusage heißt nicht eigentlich: Du kannst dich auf mich verlassen; wir wollen und können uns aufeinander verlassen. Sie heißt genauer: In unserer Entschiedenheit zueinander wollen und können wir uns auf Gott verlassen, der uns helfend nahe ist und sich als helfend nahe erweisen wird; wir wollen und können vertrauen, daß unser Gott bei uns ist auf unserem Wege miteinander; und dadurch wollen und können wir einander auch zu Zeichen von dem Gott unseres Glaubens werden; der Halt, den wir einander geben können, soll uns Zeichen sein, daß wir von Gott gehalten sind. Die Gabe, Ehe so zusagen und leben zu können, trägt den christlichen Ehewillen und vermittelt christliche Ehefähigkeit.

Die Gabe der Hoffnung meint die Fähigkeit, auf Zukunft hin zu leben. Auf Gott hoffen heißt: von ihm all das zu erwarten, was das Leben möglich und sinnvoll macht, und ihn selbst als den vor sich haben, der alles Begonnene vollendet, alles Verletzte heilt und alles Verlangen des Menschen nach Glück erfüllt. Die Hoffnung ist die Grundkraft, die getrost und gespannt leben läßt. Sie gründet sie nicht auf die begrenzten Möglichkeiten des Menschen für den Menschen, sondern setzt auf die unbegrenzten Möglichkeiten Gottes, seine Geschichte mit den Menschen und darin die Geschichte der Menschen miteinander glücken zu lassen. Christlich gründet sich diese

Hoffnung auf das, was Gott im Leben, Sterben und Auferstehen Jesu Christi hat geschehen lassen, um seinen machtvollen Willen zu erweisen, den Menschen zu retten, zu erneuern und zu vollenden. Durchtragenden Lebenswillen schenkt diese Hoffnung, weil sie ihre Zustimmung zum eigenen Leben und zur Welt nicht abhängig macht allein von der immer auch sehr fragwürdigen Gegenwart, sondern von der auf die Menschen zukommenden Freude Gottes. Sie will das Leben leben, weil sie darauf baut, daß es nicht in Sackgassen führt oder in Sinnlosigkeit zerrinnt, sondern ein wirklicher Weg ist, an dessen Ende das erfüllende Ziel gefunden wird. Und darum schenkt diese Hoffnung Lebenskraft; denn sie bewirkt Geduld, wo der Augenblick das Leben schwer werden läßt, und sie macht fähig, sich auf einen Weg einzulassen, für dessen Gelingen es keine menschliche Versicherung gibt.

Hoffend eine Ehe eingehen und leben meint dann znächst, daß Mann und Frau sich auf ihre Geschichte miteinander einlassen in der Erwartung, für ihre gemeinsame Zukunft all das an Kraft, Geduld und Liebe von Gott her immer wieder zu empfangen, was sie füreinander brauchen. Gelebte Hoffnung darf die Erfahrung machen, wie von Gott her das, was Ehe meint, ermöglicht wird. Diese Erfahrung hütet die Hoffnung als ermutigendes Zeichen für die weitere Zukunft. Die Hoffnung erst ermöglicht den entschiedenen Ehewillen; denn Ehe ist auf gemeinsame Zukunft ausgerichtet. Sie kann ohne Zuversicht für diese Zukunft nicht entschieden gewollt werden. Die Hoffnung macht fähig, auf die gemeinsame Zukunft hin zu leben. Daß Christen ihre Hoffnung nicht allein aufeinander, sondern auch auf den Gott ihrer Hoffnung gründen, befreit die Ehe nicht nur von der Angst, es könnten die inneren Reserven für die Ehe ausgehen. Darüber hinaus befreit die Hoffnung die Ehe auch von überfordernden gegenseitigen Erwartungen. Die christliche Ehezusage in der Hoffnung heißt: Wir wollen einander Glück schenken, ja; aber wir wissen, daß wir nicht so reich und mächtig sind, daß wir füreinander die letzte Erfüllung unseres Verlangens nach Glück sein können. Wir wollen und können einander Anzeichen und Vorzeichen des Glückes sein, das wir für uns und für alle in Gott erhoffen; das Glück, das wir dankbar in unserem Miteinander erfahren, wollen wir offenhalten für einen letzten Trost, den wir einander nicht geben können, den wir aber gemeinsam von dem Gott unserer Hoffnung erwarten.

Die Gabe der Liebe ist die Gabe, die den Menschen erst in Wahrheit leben läßt. Die Erfahrung, zu leben und doch nicht wirklich zu leben, stellt sich überall da ein, wo der Mensch nichts hat, was ihn in seiner Tiefe und Mitte, also in seinem Herzen bewegt, erfüllt und beansprucht. Es gibt die Erfahrung, trotz aller Leistung und trotz allen Erfolges doch ins Leere hinein zu leben, weil da niemand und nichts ist, für den man in all dem liebend dasein könnte. Die Gabe der Liebe meint das Geschenk, jemanden zu haben, für den man leben will und leben kann. Die christliche Gabe der Liebe zu Gott meint das Geschenk, sein Glück und seine Freude darin zu finden, daß Gott so ist, wie er sich im Leben, Sterben und Auferstehen seines Sohnes gezeigt hat. Dazu gehört: davon betroffen sein, daß es die Welt und darin uns Menschen im Grunde deshalb gibt, weil Gott sich uns Menschen schenken will; erschüttert wahrnehmen, wie Gott sich durch nichts davon abbringen läßt, an seiner Geschichte mit uns Menschen zu hängen; darüber staunen, wie Gott in seiner Liebe zu den Menschen so weit ging, daß er den Sohn gab. Diese lebendigmachende Gabe der Liebe drängt den Christen, mit seinem Leben selbst zur Gabe zu werden an Gott, und dies auch und entscheidend in der Liebe zum Nächsten. Diese Gabe schenkt Lebenswillen, weil sie bewegende Motive zum Leben in sich trägt. Und sie gibt Kraft zum Leben, weil sie den Menschen mit dem verbindet, der das Leben selber ist.

Liebend eine Ehe eingehen und leben meint in der Alltagssprache: in der Gemeinschaft mit dem anderen Menschen sein Glück suchen und finden und Freude daran haben, daß es ihn gibt. Darin lebt die Erfahrung, daß in der ganzen Schöpfung der Mensch die einzigartige Gabe Gottes an den Menschen ist, weil nur er ein Herz hat, an dem der Mensch die Entdeckung seines eigenen Herzens machen kann. Die Ehe ist hervorragender Ort für diese Erfahrung. Diese Erfahrung wird christlich gedeutet als Erfahrung mit dem letzten Geheimnis des Lebens, das Liebe ist und sich den Menschen so verwandt schuf, daß er lieben kann. Christlich lieben in der Ehe meint so: in der Liebe des anderen eine Botschaft von der Liebe im letzten Grunde des Lebens empfangen und in der eigenen Liebe dem anderen Kunde von dieser Liebe geben dürfen und sollen. Das im liebenden Schauen wahrgenommene Glück, „daß du so bist mit einem Herzen für mich" und „daß ich mich so erfahren darf mit einem Herzen für dich", wird auch als Zeichen empfangen für das Glück, „daß Gott so ist mit einem Herzen für uns und als Gott, der uns füreinander ein Herz gab". So kann es in der Liebe zueinander auch die Liebe zu Gott geben. Und sie meint dann: in der Liebe zueinander auch dem antworten, der den Menschen aus Liebe zur Liebe fähig macht; in dem entschiedenen Willen, einander nicht nur etwas, sondern sich selbst zu geben, auch für Gott zu einer Gabe werden; den anderen auch darum lieben, um ihm zum Zeichen zu werden, daß er von Gott geliebt wird. Diese Gabe der Liebe kann die Ehe wollen, um das Für-uns Gottes in menschlichem Füreinander zu vergegenwärtigen. Und dann schenkt diese Gabe der Liebe auch die Fähigkeit zur Ehe, weil sie das Füreinander nicht aus eigener Kraft, sondern aus der unermüdbaren Kraft der Liebe Gottes lebt. Wo

Menschen nicht nur beieinander, sonder auch gemeinsam bei dem Gott ihrer Liebe ihr Glück suchen, gewinnt ihre Liebe zueinander. Sie bleiben Menschen füreinander, die einander nicht alles sein können und wollen, aber einander doch gegeben sind, um in menschlicher Liebe Gott seine Zeichen setzen zu lassen, daß Liebe lebendig macht.

Die Ehe als Sakrament leben

In fast allen Schritten dieses Buches kommt die Überzeugung zum Ausdruck, daß die Ehe von Christen berufen ist, ein Zeichen der liebenden Zuwendung Gottes zum Menschen zu sein. Dies wird unter katholischen Christen zusammengefaßt mit der Rede von der Ehe als Sakrament. Viele evangelische Christen können dem, was katholische Christen mit der Ehe als Sakrament meinen, zustimmen, auch wenn sie das Wort nicht übernehmen. Manche finden zu den Erfahrungen, um die es hier geht, eher Zugang über das Wort „Symbol".

Wo Menschen Zuwendung und Verständnis, Lob und Anerkennung, Güte und Vergebung durch andere Menschen erfahren, kann dies eine Ermutigung zum vertrauensvollen Dasein bedeuten, die über das hinausgeht, was Menschen einander geben können. Dies hat seinen Grund darin, daß ein Mensch in der Zuwendung eines anderen zugleich ein Zeichen, ein Symbol empfängt von einer ganz tiefen und letzten Zuwendung im Grunde des Lebens. So können Eltern dadurch, daß sie ihr Kind lieben, dieses auf eine letzte Liebenswürdigkeit seines Daseins vertrauen lassen. Und wo Mann und Frau füreinander wichtig werden, können sie darin eine über ihre Zweierbeziehung hinausreichende Kraft gegen bedrängende Selbstzweifel empfangen. Wo sie einander in Liebe und Treue annehmen, können sie einander eine verheißungsvolle Ahnung von Liebe und Treue im Grunde des Lebens schenken. Darum gilt auch, daß sich Vernachlässigung von Kindern und Unzuverlässigkeit zwischen erwachsenen Partnern nicht nur verunsichernd in den zwischenmenschlichen Beziehungen auswirken, sondern darüber hinaus Zweifel an der Verläßlichkeit des Daseins überhaupt fördern.

In diesen Erfahrungen sieht der Glaube die Wahrheit wirksam, daß der Mensch dazu berufen ist, für den anderen Menschen ein Verweis auf das Geheimnis des Lebens zu sein. Der Mensch ist für den Menschen ein wirksames Symbol; denn es wirkt sich auf uns in der Spannung zwischen Freude und Trauer, Hoffnung und Angst sehr unmittelbar aus, wie andere Menschen uns das Leben zeigen und mit uns umgehen. Menschen können einander froh und traurig, hoffnungsvoll oder verängstigt machen. Die tiefste Wirkung haben dabei wohl unsere Eltern und später der andere Mensch in der Lebensgemeinschaft von Mann und Frau.

Daß Menschen dort, wo sie einander Liebe und Treue schenken, wirksame Symbole von Gott her und auf ihn hin sind, nimmt der Glaube auch überall dort wahr, wo Menschen zwar nicht an den Gott und Vater Jesu Christi glauben, aber doch mehr oder minder bewußt auf ein im Grunde gütiges Geheimnis des Lebens vertrauen. Man kann dies auch so sagen: Die Liebe der Eltern zu ihren Kindern und die Liebe von Mann und Frau in der Ehe sind überall Sakramente des alle Menschen suchenden und umfangenden Wirkens Gottes. Ohne daß Gott durch diese Menschen ein Zeichen seines Gutseins geben würde, ginge menschliches Leben in Mißtrauen, Einsamkeit und Kälte unter.

Wo zwei Menschen aus ihrer Taufberufung heraus einander in der Ehe annehmen, sind sie nicht mehr „irgendwie" füreinander Zeichen einer Güte im Grunde des Lebens. Sie sind hineingenommen in die Sendung Jesu, für andere Menschen ein Symbol der Liebe seines Vaters zu sein. Diese Sendung geht in ihre eheliche Beziehung ein. Christen dürfen und sollen einander in ihrer menschlichen Liebe anfanghaft Erfahrung damit schenken, wie erfüllend gut Gott uns zugewandt ist. Wie er uns in seiner verläßlichen Treue beheimatet, wie unermüdlich er uns in seiner Vergebung sucht, wie zärtlich er um uns besorgt ist, wie stark sein Trost angeht gegen alle uns bedrängenden Traurigkeiten. Dies können und sollen Christen aus ihrer Christusgemeinschaft, dem Neuen Bund, durch den sie mit dem Geist der Liebe Gottes erfüllt werden und ihre Ehe als Abbild dieses Neuen Bundes leben. Die Ehe von Christen lebt so als Sakrament davon, daß sie sich im Glauben vom Geist Jesu Christi erfüllen lassen – vor allem im Hören auf das Evangelium und im Leben aus der Eucharistie – und so füreinander ein wirksam befreiendes, erneuerndes, tröstendes, beglückendes, heilendes Symbol von Gott her werden. Beim Sakrament der Ehe als Symbol geht es also nicht nur um die gottesdienstliche Handlung der Trauung; vielmehr ist das ganze eheliche Leben mit seinen vielen alltäglichen und seinen hervorragenden Situationen, in Gesundheit und Krankheit, im Jungsein und im Altern, in hellen und in dunklen Tagen Sakrament, Symbol für Gottes treues und liebevolles Dasein in der Gemeinschaft von Menschen.

Nicht nur für die miteinander verbundenen Partner ist die Ehe ein Sakrament. Jede Ehe, die in einem umfassenderen Beziehungsfeld gelebt wird, kennt die Erfahrung, daß sie auch von anderen Menschen lebt und an andere Menschen abgibt. Da ist zuerst das Kind bzw. sind zuerst die Kinder. Durch sie empfangen die Eltern eine Bereicherung an Sinn und Freude, und zugleich sind sie – sowohl in ihrer individuellen Zuwendung als auch in ihrer ehelichen Gemeinschaft –

für das Kind bzw. die Kinder ein Zeichen von Gott her. Über diese kleine Welt der eigenen Familie hinaus gibt es eine Wirkung, die von gelingenden Ehen auch in ein weiteres gesellschaftliches Umfeld ausgeht. Wie häufig davon die Rede ist, daß die Zerbrechlichkeit von Ehen das Vertrauen Heranwachsender zu einer dauerhaften Bindung unterwandert, so gilt auch, daß von Ehen, in denen die Partner einander nicht allein lassen, eine Ermutigung ausgeht, sich auf die Sehnsucht nach einer dauernden Beziehung einzulassen. Zudem kann eine gelingende Ehe ein Symbol dafür sein, daß eine verbindliche Bindung die Freiheit nicht bedroht, sondern den Sinn der Freiheit entdecken läßt. Darum ist die Ehe auch in unserer Gesellschaft nicht nur (obwohl zuerst) eine Privatsache der beiden Partner, sondern geht auch andere Menschen mit an.

Dies gilt in besonderer Weise für Christen in kirchlicher Glaubensgemeinschaft. Christen haben in ihren Ehen Anteil an der Berufung der Kirche, in konkreten sozialen Wirklichkeiten zu vergegenwärtigen, wie Gott unwiderruflich begonnen hat, durch die versöhnende und vereinende Kraft seines Geistes alle und alles in sich zusammenzuführen. Die Ehe ist ein Zeichen der Sendung der Kirche, den angebrochenen Frieden Gottes unter den Menschen darzustellen. Eheliche Partnerschaft vergegenwärtigt das, was im Christusgeschehen angebrochen ist, auf andere Weise als eine Gemeinde, eine Stadt- oder Bistumskirche. Der besondere Ort der Ehe ist die – leider nicht immer mögliche – alltägliche Nähe von Menschen beieinander. An diesem Ort haben die Ehepartner Anteil an der Berufung und Sendung der Kirche, Gottes Liebe in die Nähe anderer Menschen zu tragen – zuerst in ihrer Ehe selbst, dann im Dienst an ihren Kindern, dann aber auch in offener Gastfreundschaft für die Menschen mit ihren Freuden und Nöten. Vor allem in dieser Teilhabe an der kirchlichen Sendung ist es begründet, daß die Ehe von Christen nicht nur als privates Glaubenszeichen, sondern auch als offizielles kirchliches Sakrament gilt.

Gemeinschaft des Glaubens gestalten

Glaube ist eine Gabe, die das Innerste des Menschen bestimmt. Doch gerade darum sucht er auch den Ausdruck. Die Ehe kennt hier vergleichbare Erfahrungen. Auch die gegenseitige Zuneigung und Annahme ist ja etwas im Inneren des Menschen. Sie will sich aber zeigen. Und dabei lebt der Ausdruck nicht nur von dem, was im Inneren lebendig ist. Auch das Innere des Menschen wird von den Erfahrungen gefüllt, die im Ausdruck von Innerlichkeit gemacht werden. Und vor allem: Gemeinsamkeit im inneren Leben braucht den gemeinsamen Ausdruck. Zwar kann nie alles ausgedrückt werden; aber Zeichen müssen gegeben und aufgenommen werden.

Und noch eine Erfahrung: Spontaneität und gute Gewohnheit im Ausdruck dessen, was im Inneren lebt, stehen nicht gegeneinander, sondern ergänzen einander. Spontaneität zeigt das Besondere dessen, was im Inneren auflebt; die Gewohnheit zeigt, was im Inneren Wohnung genommen hat, und sie erinnert das Innere daran, wozu es sich einmal entschieden hat. Vergleichbares gilt vom Glauben. Nicht nur, daß er den Ausdruck sucht; auch er lebt von Erfahrungen mit seinem Ausdruck. Gemeinsamkeit des Glaubens gibt es nur, wo einander Glaubenszeichen gegeben werden. Und auch hier ist nicht nur das Spontane wichtig, sondern auch die Gewohnheit, die immer Tragendes gestaltet und daran erinnert.

Wie aber kann das gefunden und gelebt werden: gestaltete Gemeinschaft des Glaubens in der Ehe? Zunächst muß hier gewiß zugestanden werden, daß die meisten Ehen nicht aus einer Tradition kommen, in der sie für diese Chance und Aufgabe Hilfe finden. Entweder gab es in der Ehe ihrer Eltern kaum Anregungen, oder die dort einmal lebendigen Formen gemeinsamen christlichen Ausdrucks können so nur sehr begrenzt übernommen werden. Oft fand und findet gemeinsamer Ausdruck des Glaubens nur in Gemeinschaft mit den jüngeren Kindern statt, während in der Ehe selbst und mit den herangewachsenen Kindern Hilflosigkeit vorherrscht. Wie weit aber trägt ein gemeinsames Glaubensleben, das eher Teilnahme an der Glaubensfähigkeit jüngerer Kinder als Teilnahme der Kinder an der Glaubenserfahrung der Erwachsenen ist? Die folgenden Anregungen wollen nicht einfach an Altes erinnern, sondern auch helfen, es neu so zu entdecken, daß Möglichkeiten für die Ehe heute erkennbar werden. Wie sie näher aufgegriffen und ausgestaltet werden können, läßt sich nur im konkreten Versuch finden. Einigen kürzeren Hinweisen sollen zwei etwas ausführlichere mit eigenen Überschriften folgen.

Miteinander beten: Oft ist die gemeinsame Mitfeier des Gemeindegottesdienstes die einzige Weise, in der christliche Ehen ihre Gemeinschaft im Glauben zum Ausdruck bringen. Und dies ist nicht wenig; insbesondere dann, wenn darin bewußt nicht nur die Gemeinschaft des Glaubens mit der Gemeinde, sondern auch die Gemeinschaft des Glaubens in der Ehe gesucht und erfahren wird. Die größere Gemeinschaft kann die eheliche Glaubensgemeinschaft mittragen und anregen. Zugleich aber kann danach gesucht werden, wie neben dem gemeinsamen Gebet in der Gemeinde auch gemeinsames Gebet in der Ehe möglich ist. Wo es ungewohnt ist, wird meist der Anfang schwierig. Doch gibt es Möglichkeiten: gemeinsam Stillsein vor Gott – einander Anliegen, Nöte, Freuden und Menschen nennen, an die man betend denkt, und den anderen bitten, betend mit daran zu denken – einander ein Gebet vorbeten, das einem wichtig geworden ist – Gebete finden, die einem gemeinsam wichtig werden und die Geschichte miteinander begleiten können. Oft kann die gewachsene Form des kirchlichen Gebetes – etwa des Abendgebetes der Kirche – eine Hilfe sein, die einerseits Gemeinsamkeit ermöglicht, andererseits aber auch die Freiheit eröffnet, daß jeder sie auch noch mit dem ihm Eigenen verbindet. Vielleicht kann auch einmal ein Gespräch dahin führen, daß man das Besprochene Gott zeigt. Zu alldem kann anfangs Mut und eine Zeit der Einübung gehören. Doch das gilt auch für andere Bereiche ehelicher Gemeinsamkeit.

Einander segnen. Es gibt Gesten, mit denen Menschen beieinander Geborgenheit, Schutz und Halt suchen. Die Umarmung, die nicht nur das Verlangen nacheinander ausdrückt, kann eine solche Geste sein. Für Glaubende, die nicht nur einander Geborgenheit, Schutz und Halt geben, sondern einander auch dem Gott ihres Glaubens anvertrauen wollen, gibt es auch die Geste des Segens. In ihr bringen Menschen zum Ausdruck, daß sie den anderen nicht nur mit den eigenen Händen halten, sondern auch der leitenden und schützenden Hand Gottes übergeben. Der Segen spricht dem anderen eine Kraft zum Leben zu, die nicht allein aus der Mitteilung eigener Lebenskraft kommt, sondern Kraft des Geistes Gottes ist. Der Segen im Zeichen des Kreuzes legt nicht zuletzt das Licht einer Hoffnung auf den anderen, die dem Dunkel entgegengesetzt werden kann. Christen sind dazu berufen, einander so zu segnen – auch in der Ehe. Diese Geste kommt aus der Erfahrung, daß Menschen füreinander nicht letzter Halt, letzte Quelle der Kraft oder letzte Geborgenheit sein können, und sie lebt aus der empfangenen Vollmacht des Glaubens, einander die Nähe Gottes zuzusagen. Wo Christen in der Ehe sowohl in besonderen Situationen als auch in gewohnter Alltäglichkeit einander segnen, können sie mit diesem Zeichen, das nicht den Aufwand oft schwer zu findender Worte erfordert, ihren Glauben und ihre Hoffnung füreinander vergegenwärtigen. Dazu kommt noch die eigene Bedeutung, die in der Geste liegt, in der man sich vom anderen segnen läßt. Der, der sich segnen läßt, läßt sich aus der Kraft des Glaubens des anderen Hilfe zum Leben schenken.

Miteinander über den Glauben sprechen: Durch Gespräch entsteht und lebt Gemeinschaft. In dem, worüber man spricht, kann Gemeinschaft gefunden werden. Was man einander mitteilt, kann man miteinander teilen. Es müssen nicht viele und große Worte sein, um auch den Glauben einzubringen in das, was man miteinander in der Ehe teilt. Manchmal genügen Andeutungen, die schon viel zeigen können: daß einem geholfen wurde; daß man dankbar ist; daß eine Frage bedrängend wird; daß etwas schwer anzunehmen ist; daß einem eine neue Sicht aufgegangen ist. Anlässe kann es viele geben: Erfahrungen mit Freude und Leid, Begegnungen mit der Einstellung und Lebensgestalt anderer Menschen, vielleicht auch eine Predigt, ein Artikel in der Zeitung oder gemeinsam Gesehenes im Fernsehen. Es kann sich das Gespräch auch gelegentlich entfalten – zu zweit oder oft noch leichter im Freundeskreis. Wichtig ist, daß es nicht bei einem distanzierten Diskutieren über Fragen des Glaubens bleibt, sondern auch zu einem Austausch kommt, wie man persönlich den Glauben als Hilfe zum Leben erfährt.

Sich durch Bilder erinnern: Zum gemeinsamen Wohnen gehört auch die gemeinsame Wahl von Bildern, die in der Wohnung Raum haben sollen. Dabei kann auch nach Bildern gesucht werden, an denen man sich an den gemeinsamen Glauben erinnern kann. Geht es doch in der Bildwelt einer Wohnung nicht nur um deren Schmuck, sondern auch um die Vergegenwärtigung von Hoffnungen und Anliegen, die man miteinander teilt. Gemeinsam ein Kreuz haben kann viel bedeuten. Aber nicht nur daran ist zu denken, sondern überhaupt an Bilder, die nicht nur die Oberfläche des Lebens zeigen. Die heutige Vielfalt der Möglichkeiten des Bildes kann dazu genutzt werden, einen Teil der Bildwelt der Wohnung in Bewegung zu halten und nicht erstarren zu lassen. Die gemeinsame Gestaltung kann eine wiederholte Gelegenheit zum Gespräch und zum Austausch sein.

Die Hilfe des Glaubens für das Gelingen des menschlichen Lebens und darin auch für das Gelingen der Ehe besteht nicht nur darin, daß Worte gesagt werden, die den Weg zeigen, Hoffnung geben und aufrichten. Christen feiern ihre neuen Lebensmöglichkeiten in Zeichen, die ihnen wirklich und wirksam diese neuen Möglichkeiten zum Leben geben. Das Zeichen, in dem Christen immer wieder gestalten und empfangen, wovon sie leben, ist die Feier der Eucharistie. Sie wird auch „Quelle und Höhepunkt" christlichen Lebens genannt. Ist das Eheleben eine Form christlichen Lebens, dann ist die Mitfeier der Eucharistie auch das Zeichen, aus dem die christliche Ehe lebt und in dem sie ihre Hoffnung feiert. Die Eucharistie ist zwar immer eine Feier in der Gemeinschaft des Gottesvolkes, das Zeichen sein soll für alle Menschen; sie ist also nie nur Feier für die kleine Welt von Ehe und Familie; aber sie ist Feier für das Gelingen menschlichen Lebens in den konkreten Lebenssituationen, zu denen auch die Situation der Ehe gehören. Im christlichen Gelingen von Ehe geht es nicht nur um Privates, sondern auch um Zeichen von Gottes helfender Nähe, die allgemein die Kraft zur Hoffnung stärken. In diesem Sinne ist es wichtig, wenigstens in einigen Linien zu zeigen, wie die christliche Ehe Hilfe für ihr Gelingen empfängt, wenn sie die Eucharistie mitfeiert.

Wird in christlicher Ehe das Miteinander und Füreinander als Geschenk erfahren, also als eine Gabe, die man nicht machen kann, so tut es gut, einen Gott zu haben, dem man dankbar dieses Geschenk zeigt und den man preisen kann als den, der den Menschen mit dem Menschen beschenkt. Im Dank an Gott vertieft sich die Freude aneinander zu einer Freude am Leben, die Freude über Gott ist und eben dadurch ihre tragende Kraft entfaltet. Dies geschieht in der Feier der Eucharistie. Sie ist Lobpreis Gottes als der Quelle alle Fähigkeit zur Liebe. Sie dankt ihm für den Sohn, der in der Gabe seines Lebens den Menschen den Geist der Liebe schenkt. Sie vergegenwärtigt, wie die Christen Grund haben, ihre Erfahrungen mit gelingendem Füreinander schwerer wiegen zu lassen als alle gegenläufigen Erfahrungen, und daß sie darum hoffen dürfen. Feiert die Ehe das, was in ihr gelingt, als Werk Gottes in menschlichem Leben, dann empfängt sie darin auch immer wieder neu die Offenheit, Gott in ihrem Leben so handeln zu lassen, daß es weiter gelingt.

Wird in christlicher Ehe erfahren, daß das Bleiben beieinander und das Wachsen in der Beziehung zueinander nicht ungefährdet ist und daß der gut gewollte Anfang sich nicht ohne Widerstände entfaltet, so tut es gut, einen Gott zu haben, der treu zu seiner Geschichte mit dem Menschen steht und dies nicht zuletzt dadurch erweist, daß er Menschen zur Treue befähigt.

Dies geschieht in der Feier der Eucharistie, die das Sakrament des Bleibens und Wachsens in der Christusgemeinschaft ist. In ihr wird die Ehe nicht nur immer wieder an ihren bejahten Auftrag erinnert, Gottes Für-uns in menschlichem Füreinander zu leben; es wird der Ehe im Leib des Herrn auch immer wieder der Geist gegeben, der ihre Einheit wirkt und Mann und Frau zu Menschen füreinander werden läßt. Und dies gerade in einer Geschichte, die nicht unbelastet ist. Immer wieder wird Eucharistie gefeiert, weil der Christ – auch für seine Ehe – immer wieder die Gabe des neuen Lebens braucht, damit sie ihn in den wechselnden Situationen erneuert und seine Lebensgestalt prägt.

Wird in christlicher Ehe erfahren, wie das Miteinander und Füreinander und wie das Dasein für Kinder und andere Menschen auch Kräfte kostet, und zwar Kräfte, die man nicht einfach einander wieder neu schenken kann, so tut es gut, einen Gott zu haben, den man um Kraft bitten und von dem man Kraft empfangen kann. Dies geschieht in der Feier der Eucharistie. Gott erfüllt die Gaben unserer Erde mit seiner Kraft. Die Christen bekennen sich mit ihren Gott hingehaltenen Händen als Menschen, die nicht nur von sich und voneinander leben können – auch nicht nur voneinander in der Ehe. Und sie empfangen den, der mit seinem Leben für uns unser Brot geworden ist, von dem wir leben und das uns die notwendige Kraft füreinander gibt. Die Eucharistie ist Nahrung auch für die Ehe. Durch diese Nahrung hilft Gott den Menschen leben, damit sie aus dieser Quelle einander auch in der Ehe leben helfen.

Wird in der christlichen Ehe erfahren, wie die Gemeinschaft auch durch Schuld aneinander bedroht sein kann, und zwar auch durch alltägliche Schuld, so tut es gut, einen Gott zu haben, der durch Vergebung den Weg frei macht und Menschen dazu befreit, einander zu vergeben. Dies geschieht in der Feier der Eucharistie als Sakrament der Vergebung der alltäglichen Sündigkeit. Der Christ begegnet der heilenden Liebe seines Gottes, der er sich mit seiner Schuld übergeben darf. Die Ehe darf einerseits feiern, daß die in ihr bereits geschenkte Vergebung von einer Macht getragen wird, die wirklich erneuert und alles wieder gut machen kann. Die Ehe wird andererseits auch beauftragt und bestärkt, das von Gott her erfahrene Erbarmen auch im Erbarmen miteinander erfahrbar werden zu lassen. Feiert eine Ehe, wie wir aus der alltäglichen Geduld Gottes mit uns leben dürfen, dann wächst daraus Geduld miteinander.

Wird in der christlichen Ehe erfahren, wie in Situationen des Leidens, der Krankheit und der Trauer das Miteinandertragen zwar tröstet, aber dieser Trost allein auch zu schwach sein kann, so tut es gut, nicht nur einander zu trösten, sondern auch gemeinsam einen Gott des Trostes zu haben, der Hoffnung schenkt. Auch dies geschieht in der Feier der Eucharistie. Sie ist eine Feier gerade für die, die Trost brauchen. Es wird nicht verschwiegen, in welche Dunkelheiten menschliches Leben geraten kann. Es wird des Todes Jesu Christi gedacht. Dabei wird verkündet, wie er dieses Dunkel in Gehorsam und Liebe angenommen hat – nicht ohne Angst und Klage, aber eben doch in der Hingabe an Gott als Vater. Und es wird gefeiert, wie Gott diese Gabe angenommen hat, um daraus alles zu erneuern. Und den Christen wird diese Hingabe Jesu gegeben, damit sie mit ihm ihre Dunkelheiten annehmen – in Gehorsam und Liebe und in der Hoffnung auf Gottes rettende Möglichkeiten. Diese Gabe des Trostes können Menschen einander nicht geben – auch nicht in der Ehe. Sie können sie aber miteinander empfangen, um dann diesen Trost miteinander zu teilen und einander in der Hoffnung dieses Trostes zu stärken.

Diese eher andeutenden als schon entfaltenden Hinweise auf die Bedeutung der Eucharistie für das Miteinander in der Ehe sollen wenigstens anzeigen, welche Lebensmöglichkeiten einer Ehe gegeben werden, die lebenslang immer wieder Eucharistie feiert. Durch dieses Sakrament des Bleibens und Wachsens in der Christusgemeinschaft können Mann und Frau füreinander zum Sakrament, d. h. zum wirklichen und wirksamen Zeichen der Güte und Freundlichkeit ihres Gottes werden. Aus dem empfangenen Brot können sie Brot füreinander, für ihre Kinder und ihre

Nächsten werden. Ihre Gemeinsamkeit kann reich werden nicht zuletzt aus der Erfahrung gemeinsamer Dankbarkeit in der Freude, getrost machender Hoffnung und erneuernder Kraft der Vergebung. Vielleicht darf man sogar sagen: Durch die gemeinsame Feier der Eucharistie wird die Ehe zur christlichen Ehe und lebt sie als christliche Ehe.

Gemeinsam den Sonntag begehen

Das Wochenende ist für viele Ehen die Zeit, in der die Gemeinsamkeit miteinander in besonderer Weise gepflegt werden kann. Doch wird diese Chance nicht ohne bewußte Gestaltung dieser Zeit genutzt. Es kann diese Zeit sogar zum Problem werden, wenn man nicht gelernt hat, freie Zeit miteinander zu gestalten. Die Gestaltung freier Zeit aber hängt damit zusammen, welchen Sinn man in ihr sieht bzw. welchen Sinn man ihr geben will. Wird Lebenssinn vor allem im Zusammenhang mit Arbeit gesehen, dann wird das Wochenende zur Pause zwischen Arbeitszeiten, und der Sinn dieser Pause ist dann zuerst die Erneuerung der Arbeitskraft. Welchen anderen, auch für die Ehe wichtigen Sinn kann das Wochenende haben?

Bevor es das Wochenende gab, gab es den Sonntag. Und der Sinn des Sonntags ist die gemeinsame Freude an der Auferweckung Jesu

Christi und die gemeinsame Feier der Hoffnung, die durch dieses Ereignis das Leben der Christen erfüllt. Die Arbeit ruht, um feiern zu können. Nicht nur die Arbeit ist wichtig; es ist auch wichtig, Lebenssinn und Lebenshoffnung zu vergegenwärtigen. Der Sonntag ist das Wochenfest der Christen, mit dem sie ihre Woche beginnen. Damit wird dem Alltag mit seiner oft bedrängenden Mühe und Last die Freude vorangestellt. Die Freude daran, daß alles ein Ziel hat, daß wir Menschen diesem Ziel entgegenleben, daß dieses Ziel aber letztlich von Gott her vollendend auf uns zukommt. Am Sonntag wird im Vorblick auf dieses Ziel gefeiert, daß nicht die Arbeit, die Mühe und das Leid das Letzte ist, sondern das Spiel, die erfüllte Ruhe und die schauende Freude über das, was Gott getan hat. Während unsere Gesellschaft das Wochenende als arbeitsfreie Zeit, also als Arbeitspause gemeinsam hat, haben nicht mehr alle in unserer Gesellschaft auch noch den Sonntag als Festtag. Vielleicht entscheidet sich die Frage, ob die Christen sich ein klares Bewußtsein von dem erhalten, wer sie sind mit der in ihnen lebendigen Hoffnung, nicht zuletzt an der Frage, ob und wie sie ihren Sonntag feiern. Und vielleicht hängt die Entscheidung, ob eine Ehe sich als christliche Ehe versteht und dies auch anschaulich werden läßt, nicht zuletzt davon ab, ob und wie sie gemeinsam den Sonntag begeht.

Wie aber kann der Sonntag praktisch als christliches Wochenfest begangen, also gestaltet werden? Heinrich Spaemann hat dazu einige Ratschläge vorgelegt*. Sie sollen hier – etwas gekürzt, umgearbeitet und ergänzt – weitergegeben werden, auch wenn sie z. T. wie Provokationen wirken mögen.

Den Sonntag am Vorabend beginnen. „Eine innere Bewegung – Sehnsucht, Liebe – soll uns in ihn hineintragen." Man kann diese innere Bewegung auch gemeinsam ausdrücken: in Vorbereitungen für den Sonntag, im Anzünden einer Sonntagskerze, in einer Abendmahlzeit, die sich von anderen Abenden unterscheidet – auch durch ein bewußteres Tischgebet, in bewußt gesuchter Versöhnung. Der Abend entscheidet über den kommenden Tag. Negativ: Es kann der Sonntag verdorben werden durch einen Samstagabend, von dem man sich am Sonntag erholen muß, um am Montag dann wieder arbeitsfähig zu sein.

Am Sonntag so ausruhen, als sei die ganze Arbeit getan. „Laß auch jeden Gedanken an Arbeit ruhen! Auch wenn wir uns nicht unter einem Buchstabengesetz wissen, am Sonntag sollen wir nicht ohne Not an Gottes Welt herumbasteln, weder praktisch noch in unseren Überlegungen,

---

* Rettung des Sonntags, in: ders.: Wiederentdeckungen, Meitingen 1977, 7–20. Zitate werden im folgenden als solche kenntlich gemacht.

sondern sie schauen und in ihr wandern, weilen, spielen."

„Sich die Welt und den Nächsten Geschenk sein lassen." Dadurch soll lebendig werden, daß im Blick des Glaubens Gabe vor Aufgabe kommt. Das erste ist nicht, was wir tun, sondern das, was Gott an uns getan hat. Und er ist es auch, dem die Vollendung zugetraut werden darf und soll.

Die Stunde im Gotteshaus und die Zeit des Sonntags in Einklang bringen. Das, was uns in der Feier der Eucharistie bewegt, Dank an Gott und gegenseitige Liebe, soll den ganzen Tag erfüllen – nicht Schularbeiten, Geschäfte und Probleme, eher schon Briefe. Dazu gehört auch, daß die Mitfeier des Sonntagsgottesdienstes so in den Sonntag eingeplant wird, daß er nicht als Störung des Sonntagablaufs, sondern als Ausdruck der Freude an diesem Tag erfahren wird.

Das planen und tun, was gemeinsam Freude macht. „Dem Lobpreis, dem Singen, der Freude und der Bejahung allen Raum geben ... Dem Glanz dieses Tages, damit er erfahren werde, entsprechen gewisse Enthaltungen." Dazu gehört auch der „Verzicht auf Kritik, auf Feststellungen von Ungutem bei bestimmten Menschen oder in Zeitverhältnissen. Kritik mag werktäglich notwendig sein; dort, wo wir Verantwortung tragen, da die Welt noch im argen liegt und veränderungsbedürftig ist ... Sonntag sollte uns die Augen dafür auftun, daß die Welt Gottes Schöpfung ist und Gottes Verheißung hat aufgrund der Auferstehung dessen, der für sie in den Tod ging. Das Ja, das Gott in Christus zu uns sagte, hielt allem Nein der Sünde stand und besiegte es. Sonntag ist für uns dazu da, dieses Ja mitzusagen und weiterzusagen, nur so dringt der Ja-Geist, der Heilige-Geist bei uns wirklich durch und in die Welt ein."

„Lebens- und Liebesgemeinschaft verwirklichen! Im Alltag geht jeder vor allem seinem Geschäft nach, Verbundenheiten sind weitgehend zweckorientiert. Einer braucht den anderen mit bestimmten Fähigkeiten und Funktionen als Schreiner, Hausfrau, Elektriker, Arzt, das Du wird leicht zum Es. Sonntag ist dazu da, sich wieder den ganzen Menschen angehen und nahegehen zu lassen, um ihm den ganzen Menschen entgegenzutragen. Sonntag ermöglicht gemeinsamen Tisch, Gastfreundschaft, Gespräch, Wanderung, Spiel – Freiheit, Ganzheit, Leibhaftigkeit. Aber jeder sollte auch Zeit für Einsamkeit finden, ohne sie verflacht jedes Wir am Ende zur bloßen Runde."

H. Spaemann beschließt seine Ratschläge mit Hinweisen darauf, was den Sabbat- bzw. Sonntagsgeist auslöscht: „ein geistloses Sichräkeln oder ein beliebiges Sich-füttern-Lassen mit den Angeboten der Unterhaltungsindustrie. Sabbat ist nicht dazu da, sich die Zeit zu vertreiben, sondern sie mit intensiverem und wahrerem Leben zu erfüllen, sich also zu sammeln und zu versammeln, nicht zu ‚zerstreuen'."

Bei allen Fragen, die auch diese Ratschläge für die lebbare Praxis noch offenlassen mögen, wird vielleicht doch erkennbar, wie die gemeinsame Zeit des Sonntags in der Ehe so gestaltet werden kann, daß Mann und Frau einander helfen, ihn als Festtag zu begehen. Und einander helfen, im Unterschied und auch im Widerstand zur Umwelt den Sonntag zu haben und zu behalten, kann eine große Hilfe sein, die Hoffnung des Glaubens als Hilfe zum Leben wirksam werden zu lassen. Und gelingt es, im gemeinsamen Begehen des Sonntags Gemeinschaft des Glaubens zu leben, dann wird damit zugleich die Gemeinschaft der Ehe erfüllter erfahren.

6
In Krisen Wege suchen

Beieinander bleiben

Die Ehe ist eine Geschichte, die zwei Menschen miteinander haben, und zwar heute oft eine sehr viel längere Geschichte als je zuvor. Als Geschichte miteinander gleicht keine Ehe der anderen. Über das Wesen der Ehe mögen allgemeine Aussagen möglich sein, nicht aber über die Wirklichkeit der Ehe als einer einzigartigen Beziehung. Dennoch gibt es auch in dieser Vielfalt vergleichbare Erfahrungen. Eine davon ist in vielen Ehen, daß es Zeiten geben kann, in denen die Beziehung zueinander schwer wird und inhaltslos zu werden droht. Das Gespräch kann sogar verstummen. Die einmal begehbaren Brücken zueinander können nicht mehr da sein. Die Nähe kann zur Last werden, weil sie nicht gefüllt ist. Da muß nicht Schuld sein oder gegenseitige Verletzung; da fehlt einfach das, was einmal verband und was als weiter Verbindendes gesucht wird. Dies kann bis vor die Frage führen: Halten wir trotzdem beieinander aus, bleiben wir trotzdem zusammen, oder ist es besser und menschlicher, sich zu verabschieden und einander zu verlassen? Hier wird die Alternative wichtig: bleiben, aushalten, warten, suchen, offen sein, hoffen; oder: Abschied nehmen, verlassen, aufgeben, Schluß machen, keine Zukunft mehr miteinander sehen. Worin liegt mehr Sinn, wenn überhaupt noch nach Lebenssinn gesucht werden soll? Was läßt das Leben doch noch eher gelingen, wenn überhaupt noch so etwas wie gelingendes Leben offensteht? Der Abschied würde sagen: Es hat keinen Sinn mehr mit uns; es ist mißlungen, was wir miteinander wollten. Und das Beieinander-Bleiben und Aushalten?

Zunächst sei die Erfahrung mit den unterschiedlichen Zeiten in der Geschichte ehelicher Beziehungen aufgenommen. Das Beieinander-Bleiben in Zeiten, in denen die Beziehung schwer oder auch sehr schwer wird, kann – mehr oder minder bewußt und entschieden gewollt – in drei Erfahrungen hineinführen. Die erste betrifft die Zeit davor: Was mit uns war, was uns verband und uns füreinander gegeben wurde, lassen wir nicht ungültig werden; es bleibt bei uns; es gehört weiter zu uns, und wenigstens dies verbindet uns. Die zweite Erfahrung betrifft das Schmerzliche der Gegenwart: Wenn wir beieinander aushalten, stellen wir uns der Wirklichkeit, die nicht einfach heil ist; wir sind bereit, auch daran zu leiden, daß wir hineingeboren sind in eine Menschheit, die beziehungsbehindert ist und an deren Unheilsein wir auch unseren Anteil haben – nie ganz unschuldig; wir weichen vor dieser Wahrheit nicht aus in eine falsche und betrügerische Glücksromantik; wir wissen uns in einer unsichtbaren, aber wirklichen Gemeinschaft mit vielen, die beladen sind vom eigenen Unheilsein und vom Unheilsein anderer. Die dritte Erfahrung nimmt die im Wort vom Aushalten verborgene Zukunft auf: Wir halten uns – wartend miteinander oder uns mühend umeinander – offen für wieder andere Zeit; wir stehen diese Zeit durch; wir geben einander dieses Zeichen, daß wir doch aneinander hängen und zusammenhängen; und wir hoffen, daß daraus Neues wächst – vielleicht anderes, als wir es für unsere Ehe erwartet hatten, aber doch die Möglichkeit, einander leben zu helfen.

Christliche Gläubigkeit findet in diesen Erfahrungen noch einen eigenen Halt. Im Glauben wird das, was in der Ehe einmal lebendig war, als Erfahrung mit dem, was Gott gegeben hat, nie nichts. Im Glauben ist auch das Leid, das ausgehalten wird, noch ein Weg. Und im Glauben lebt die Überzeugung, daß für Gott Neues möglich ist und daß er es zu seiner Zeit dort gibt, wo vertrauende Offenheit ist. Und es gibt die Erfahrung christlicher Ehen, daß gerade durch Zeiten des Aushaltens Neues wuchs, daß da Führung war und daß auch das Beieinanderbleiben als Geschenk gegeben wurde.

Was aber, wenn das Neue, was ermöglicht wurde, wenig ist im Vergleich zum erhofften

Glück in der Ehe? Und was dann, wenn auch dieses Wenige immer wieder erst neu gesucht und manchmal mühsam gepflegt werden muß? Kann auch dann das Beieinanderbleiben noch sinnvoll sein? Kann es mehr sein als ein Nichtauseinandergehen – vielleicht nur der gemeinsamen Kinder wegen? Abgesehen davon, daß dieses „Nur der Kinder wegen" auch für die Ehe viel sein kann, wenn die Kinder wirklich auch Vater und Mutter untereinander verbinden, muß hier gegen manches unbedachte Maß je neu gewogen werden: Welche Bedeutung hat schon das Nichtauseinandergehen und welches Gewicht hat das, was zunächst als wenig eingeschätzt wird? Schon das Nichtauseinandergehen kann, wo es nicht resigniertes Laufenlassen oder nur gegen die Außenwelt hochgehaltene Fassade, sondern ein gewolltes Beieinanderbleiben ist, die Erfahrung geben, einander doch noch ein Halt zu sein und gemeinsam gehalten zu werden. Und auch das, was im Vergleich zu naiven Erwartungen an die Ehe oder im Vergleich zu anderen vielleicht gefüllteren Ehen wenig zu sein scheint, kann viel sein, wenn es aus der Annahme der eigenen Grenzen und der Grenzen des anderen heraus als das in dieser Ehe Mögliche ergriffen und zur gegenseitigen Lebenshilfe genutzt wird.

Vielleicht wird manche Ehe erst unglücklich, weil Menschen in ihr einander unter den Anspruch eines Glücks stellen, das gar nicht ihr Glück ist. Vielleicht mißlingt manche Ehe, weil sie unter den Anspruch gesetzt wird, daß Menschen in ihr einander bereits endgültig trösten müssen.

In der Hoffnung des Glaubens bleiben Menschen auch in der Ehe offen für den letzten Trost Gottes. Dies macht nicht resigniert vor den Grenzen, einander Glück zu schenken, sondern frei, die Hilfe zu sein, die man füreinander sein kann, und dies aneinander hochzuschätzen, auch wenn es im Blick anderer wenig zu sein scheint. Die Erfahrung der Grenze und die Annahme dieser Erfahrung auf Hoffnung hin kann in diesem Sinne reich machen – auch eine Ehe.

Andererseits gibt es vielleicht die Gefahr, daß eine Ehe mit einem reichen Land gemeinsamer Möglichkeiten und weit gesteckten Grenzen, an die man kaum stößt, in die Armut führt, weil Menschen auch in diesem Reichtum sich von den Armen und Leidenden isolieren und den Ausblick auf den Trost der Zukunft Gottes verlieren können. Jedenfalls ist eine im Glauben gelingende Ehe nicht gleichzusetzen mit dem, was verbreitet unter einer glücklichen Ehe verstanden wird. Im Glauben gelingt eine Ehe, wo Mann und Frau einander als Zeichen von Gott die Lebenshilfe werden, die sie füreinander sein können. Und dies werden sie nicht zuletzt durch ein Beieinanderbleiben, das das Bleiben der Verheißungen Gottes gerade für die vergegenwärtigt, die sich nicht satt machen können und wollen mit dem, was ist.

Daß Paare in dem, was sie in ihrer Ehe füreinander ersehnten und wollten, scheitern, gehört zur Wirklichkeit auch der Kirche. Christen dürfen zwar die Erfahrung miteinander teilen, wie mächtig der Geist Gottes zusammenführt und versöhnt. Doch bleiben ihnen Ehesituationen nicht fremd, in denen die Partner keine Wege mehr zueinander erkennen – auch dann nicht, wenn sie in Geduld darum bemüht sind. Oft ist in diesen Situationen nicht voneinander zu trennen, wie äußere Umstände, innere Schwierigkeiten und schuldhafte Verweigerungen – auch gegenüber den Gaben des Geistes – zusammenwirken. Uns wird heute bewußt, wie erschwert eine gemeinsame Geschichte werden kann, wenn die Partner nur einen kleinen Teil ihrer Zeit und in ihr nur ihre kleine Ehewelt unmittelbar miteinander teilen können. In einer heute oft mehrere Jahrzehnte umfassenden Ehe können Partner zudem tiefgreifende Persönlichkeitsveränderungen erfahren, die mitzuvollziehen der andere Teil sich überfordert sieht. Es gibt auch Störungen in der Beziehungsfähigkeit eines Menschen, die auf eine sehr gestufte Weise krankhaft sind und nicht allein mit gutem Willen überwunden werden können. Es kann die Fremdheit zwischen den Partnern allerdings auch darum wachsen, weil ein Teil oder beide Teile der Gemeinschaft ausweichen – anfänglich vielleicht nur in kleinen Verweigerungen. Schließlich suchen auch Christen nicht immer in einem lebendigen Glauben die Einheit und Versöhnung stiftenden Wunder des Geistes.

Das Gelingen einer Beziehung ist davon abhängig, daß beide Partner füreinander offen und umeinander bemüht bleiben. Wenn auch an der Entstehung von Schwierigkeiten, Entfremdungen und Krisen meistens beide Teile beteiligt sind, so kommt es zum Scheitern einer Ehe oft dadurch, daß einer der Partner die Suche nach einem gemeinsamen Weg aufgibt – nicht selten, um frei zu werden für eine bereits begonnene oder ersehnte neue Beziehung. Der verlassene Eheteil wird sich nicht einfach unschuldig fühlen, aber sich doch sagen dürfen, daß er die endgültige Trennung eher erleidet, als daß er sie wollte.

Auch für Christen kann eine Situation kommen, in der sich ihnen die Frage stellt, ob eine Trennung für ihn und den anderen Teil der menschlichere (und dann auch der christlichere) Weg ist. Wenn die Nähe zu andauernden Lieblosigkeiten führt oder wenn ein Teil an dem Leid, das das Zusammenleben mit dem anderen für ihn bedeutet, zu zerbrechen droht, dann kann das, was oben unter der Überschrift „Beieinander bleiben" gesagt wurde, seine Gültigkeit verlieren.

Sehr verbreitet wird im öffentlichen Gespräch der Eindruck erweckt, daß das Scheitern von ehelichen Beziehungen zu einem „normalen" Leben hinzugehört und nicht unnötig zu dramatisieren ist. Es kann sogar so davon gesprochen werden, daß ein wirkliches Scheitern gar nicht zugelassen wird; man geht eben wieder auseinander und gibt sich gegenseitig frei, wie man auch sonst seine Lebenswelten wechselt, wenn das Leben in ihnen seinen Reiz verloren hat oder neue Erfahrungen in anderen Lebenswelten Anziehungskraft bekommen. Wo so gelebt wird, wird lebenspraktisch geleugnet, daß Ehe die verläßlich und treu gelebte Gemeinschaft von Mann und Frau meint. Wo Partner einander schmerzfrei verabschieden, können sie einander noch nicht wirklich wichtig geworden sein. Wo sie ohne weiteres wieder auseinandergehen können, können ihre Geschichten noch nicht wirklich zusammengefunden haben.

Hier ist durchaus nicht daran gedacht, daß eine eheliche Beziehung nur im „Krach" an ihr Ende kommen kann und zwei Menschen zurücklassen muß, die einander nicht mehr gut sein können. Im Gegenteil, es wird an die Weisung des Evangeliums zu erinnern sein, daß Christen immer den ihnen von Gott eröffneten Weg der Versöhnung suchen und gehen sollen – auch im Scheitern und nach dem Scheitern einer Ehe. Eine Ehe, die einmal wirklich als solche gewollt war und zu leben begann, kann in gegenseitiger Achtung und sogar in einem bleibenden Wohlwollen auseinandergehen, aber nicht ohne Trauer.

Trauer ist zunächst das Eingeständnis der Wahrheit, daß zwei Menschen das mißlungen ist, was sie miteinander leben wollten. Ist es doch gleichsam eine Todeserfahrung, wenn eine Gemeinschaft, die für zwei Menschen tragende Bedeutung hatte, zerbricht. Es ist wichtig, den Schmerz, der damit verbunden ist, auszuhalten. Wird dieser Schmerz verleugnet und weichen die Partner ihm vorschnell aus, dann wird das, was vorher war, nachträglich als unwichtig und bedeutungslos erklärt oder doch zumindest dem Verdacht der Wertlosigkeit ausgeliefert. Dies aber muß auch jede künftige Beziehung in ihrem existentiellen Gewicht mindern. Der Verzicht auf Trauer wird so zu einem Umgang von Menschen mit Menschen führen, der diese nicht mehr in ihrer Tiefe anrührt und nur noch oberflächliche Begegnungen kennt, in denen Menschen einander weder beschenken noch verletzen können.

Trauer meint aus dieser Sicht, daß sich Menschen nach dem Scheitern einer Beziehung Zeit lassen für den Vorgang des Zurücklassens eines Teiles ihres Lebens und der Neuorientierung auf Zukunft hin. Wo Scheitern bedacht, erlitten und beklagt wird, kann es zu einer Erfahrung werden, die die Lebensfähigkeit erweitert und reifen läßt. Sie kann dazu führen, daß Menschen weniger selbstverständlich mit Menschen und Dingen umgehen und daß sie aufmerksamer werden für Gefahren, die in ihnen selbst oder in ihrem Umfeld wahres Leben behindern. Noch darüber hinaus kann Trauer in die Erfahrung führen, neue Zukunft in der Weise des Geschenkes zu empfangen und so nicht aus der Illusion der Selbstmacht, sondern in der Wahrheit der Demut zu leben.

Mit der Trauer kann verbunden sein der Schmerz über eigenes Versagen. Oft geht Menschen erst nachträglich auf, wo sie in einer Beziehung nicht aufmerksam genug, zu bequem oder sogar lieblos waren und so Entfremdung beginnen und wachsen ließen. Die Trauer darüber ist Voraussetzung für das Zukunft eröffnende Geschenk der Versöhnung, auf das das Evangelium die Christen immer wieder vertrauen läßt.

Versöhnung leben

Wo Christen in ihrer Ehe scheitern, wird dadurch ihr Versprechen nicht hinfällig, mit dem sie sich verbanden, „bis der Tod sie scheidet". Es gibt in der Kirche ein Ringen um die Frage, wie die Treue zu diesem Versprechen zu leben ist, wo sie wegen des endgültigen Auseinandergehens der Partner nicht mehr als Treue zu einer lebendigen Beziehung verwirklicht werden kann. Die Ehe von Christen hat Anteil an der Sendung der Kirche, die liebende Treue Gottes zu bezeugen. Darum müssen sich Christen prüfen, ob sie durch den Verzicht auf eine neue Beziehung ein

Zeichen geben sollen und können, wie Gott sich in Christus liebend an uns gebunden hat und dabei bleibt, auch wenn wir Wege gehen, auf denen wir uns seiner Nähe mehr oder minder bewußt entziehen. Wo Christen die Berufung zu diesem Zeichen leben, geben sie ein kostbares Zeugnis – vom Geheimnis Gottes und vom darin gründenden Geheimnis der Ehe. Voraussetzung ist allerdings, daß sie diese Berufung als sinnvollen Weg bejahen und ergreifen, auch wenn er das Mitleiden mit Jesus Christus an der Sünde der Welt bedeutet. Wo Christen die bleibende Gebundenheit an ihre Ehe als ihnen von außen auferlegt erfahren und in ihrem Alleinbleiben bitter und neidisch werden, verliert dieser Weg an Zeichenhaftigkeit.

Es kann in unserer Gesellschaft schwer, oft sogar sehr schwer werden, nach dem Scheitern einer Ehe ohne neue Partnerschaft zu bleiben. Oft ist es nur lebbar aus einer besonderen geistlichen Kraft. Wir sind heute unsicher, ob wir dieses Charisma, also die geistliche Kraft zum Alleinbleiben, für alle Christen vermuten dürfen, deren Ehe auseinanderging. Darum gibt es ein Suchen in der Kirche nach einem Weg, wie wir als Glaubensgemeinschaft einerseits der Weisung Jesu, von Gott verbundene Ehen nicht aufzulösen, treu bleiben, andererseits aber auch der anderen Weisung Jesu folgen können, Barmherzigkeit und Versöhnung zu leben und einander erfahren zu lassen.

In diesem Suchen ist zunächst zu sehen, daß es eine breite Übereinstimmung über Wege der Versöhnung in der Kirche gibt. Da ist das gemeinsame Vertrauen, daß Christen ihre Geschichte auch und gerade in ihrer Gebrochenheit dem Gott ihres Glaubens übereignen dürfen und dabei auf neue Zukunft aus der Vergebung für erkannte oder auch für nicht durchschaute Schuld vertrauen sollen. Christen dürfen und sollen also Versöhnung suchen mit Gott als dem alles heilenden Geheimnis ihres Lebens und darin die Versöhnung mit dem eigenen Lebensweg. Zusammen damit gilt ihnen die Weisung, mit dem Partner auch bei bleibender Trennung alle Möglichkeiten der Versöhnung zu ergreifen. Wenn Christen dann einen Menschen finden, mit dem sie neu gegenseitige Lebenshilfe (und Hilfe für ihre Kinder) erfahren und vor Gott zu der Überzeugung kommen, diese Hilfe von ihm annehmen zu dürfen oder sogar zu sollen, dort können sie ihrer inneren Einsicht folgen und sollen sie wissen, daß sie damit nicht die Gemeinschaft des Glaubens verlassen. Sie gehören empfangend und gebend weiter zur Gemeinschaft des Betens und der Nächstenliebe, des Hörens auf das Evangelium und des Feierns der Nähe Gottes bei uns Menschen. So dürfen und sollen Geschiedene, die ihr Leben neu mit einem anderen Menschen verbanden, auch versöhnt leben mit der Kirche, die in einer bestimmten Gemeinde gegenwärtig ist.

Nicht allgemeine Übereinstimmung gibt es in der Frage, ob diese Versöhnung auch ihren Ausdruck finden kann und soll in der eucharistischen Tischgemeinschaft. Auf der einen Seite gibt es – nicht nur amtliche – Stimmen, die den Verzicht auf die Kommuniongemeinschaft erwarten als Zeichen, mit dem wiederverheiratete Geschiedene zur Gebrochenheit ihrer Situation stehen und damit der Glaubensgemeinschaft den Dienst tun, die Überzeugung von der Berufung der Christen in ihren Ehen zu stützen. Auf der anderen Seite gibt es Stimmen, die eine Versöhnung als unzureichend erfahren, die nicht auch in der Kommuniongemeinschaft Ausdruck findet. Der Hinweis auf die sogenannte geistliche Kommunion genügt ihnen nicht, da wir im Sakrament gerade im sinnenhaften Zeichen von unserem Gott gesucht und beschenkt werden. Zusätzlich verweisen diese Stimmen auf die Erfahrung, daß der bleibende Verzicht auf die Kommuniongemeinschaft die Gefahr der Entfremdung von der Eucharistiefeier mit sich bringt. Nicht zuletzt kann dort, wo die neue Ehe in einer Familie mit Kindern gelebt wird, die Kommuniongemeinschaft mit den Kindern gelebt wird, die Kommuniongemeinschaft mit den Kindern große geistliche Bedeutung haben.

Es kann wohl eine Zeit gut und wichtig sein, in der wiederverheiratete Geschiedene auf den Kommuniongang verzichten und dadurch dazu stehen, daß sie ihr erstes Eheversprechen nicht gehalten haben und einen Neuanfang aus dem Erbarmen Gottes nicht als selbstverständlich ansehen. Dann kann aber auch die Zeit kommen, in der sie ermutigt werden können und sollen, die Kommuniongemeinschaft wieder aufzunehmen. Diese Zeit ist dann gekommen, wenn die neue Beziehung sich bewährt hat, in ihr die Werte der Liebe, Treue und der Offenheit für andere gelebt werden und die Partner sich so bemühen, das Evangelium zu leben. Daß dies einer Gemeinde nicht zum Ärgernis wird, kann überall dort möglich sein, wo in gegenseitiger Anteilnahme an Freude und Trauer, Hoffnung und Angst der Verdacht eines leichtfertigen Umgangs mit dem, was uns als Glaubensgemeinschaft ganz wichtig ist, keinen Boden findet.

7
Einander helfen, den Tod anzunehmen

Sich einüben im Leben

Finden Mann und Frau in der Ehe zur Lebensgemeinschaft, dann betrifft sie auch gemeinsam die Frage ihres Todes. Im Tode des anderen wird Leben sterben, das mit dem eigenen Leben zusammengewachsen ist. Und der eigene Tod wird bedrängender, weil er den anderen zurückläßt. Nicht erst dann, wenn der Tod sich als nahe anmeldet, wird es für die Gemeinsamkeit in der Ehe wichtig, auszutauschen, wie man die Wirklichkeit des Sterbens gemeinsam annehmen kann und nicht zuletzt dadurch dem Zurückbleibenden bei seiner Trauer hilft. Auch schon im Leben führt es Menschen zusammen, wenn sie die Wahrheit miteinander teilen, daß sie sterben werden. Dies gilt nicht nur angesichts des immer möglichen plötzlichen Todes, sondern auch in Erfahrungen mit der Gegenwart des Todes im Leben. Denn auch in der Ehe gibt es Vorerfahrungen mit dem Tod, die, wenn sie zugelassen und angenommen werden, in die Wahrheit einüben können.

Da gibt es Erfahrungen mit begrenzter gemeinsamer Zeit: Ein gemeinsam gelebter Tag oder Abend geht zu Ende, ein verbindendes Wochenende oder ein Urlaub mit vielen geteilten Erlebnissen nimmt sein Ende; eine gemeinsam angegangene Aufgabe ist gelöst und gehört nicht mehr zur gemeinsamen Zukunft; die Kinder verlassen das Haus, und eine andere Zeit für die Ehe beginnt; nachlassende Kräfte oder die geschädigte Gesundheit lassen bisher im Miteinander Mögliches nicht weiter möglich sein. In all dem ist die Erfahrung mit der Wahrheit: Die gemeinsame Zeit ist begrenzt. Darin gibt es Erfahrungen mit Trennung und Abschied. Schon die kleinen Trennungen für einen Tag oder eine Woche können schwer sein und die spürbare und anrufbare Nähe des anderen schmerzlich entbehren lassen. Oft gibt es noch schwerere Abschiede für längere Zeiten oder im Loslassen des anderen an eine Aufgabe, die, obwohl bejaht, doch auch Entfernung bedeutet. In jedem Abschied ist etwas von der Erfahrung der noch nicht endgültigen Heimat und noch nicht dauernden Nähe. Und da gibt es Erfahrungen mit der Unmöglichkeit, den gefüllten Augenblick festzuhalten. Auch wenn solche Augenblicke des Glückes, des gegenseitigen Verstehens, des Einander-Anschauens, der geteilten Freude und der sich bewährenden Treue in der Not als Erinnerungen in die Zukunft mitgehen, wird doch ihre Vergänglichkeit erfahren. Und auch das ist Erfahrung mit dem

Tod: daß der eigene Wille zum Lebensglück des anderen nicht mächtig genug ist, ihn vor Not und Angst, vor Krankheit und Tod mit letzter Vollmacht zu schützen.

Gewiß, die angedeuteten Erfahrungen können Menschen vor sich und vor dem anderen verbergen. Vielleicht müssen viele das deshalb tun, weil sie keine Hoffnung für die in diesen Erfahrungen bedrängenden Fragen haben. Aber das Verbergen von Wahrheit behindert das Leben. Darum ist es wichtig, die Möglichkeiten zu sehen und einzuüben, die die Hoffnung des Glaubens zur offenen Annahme von Erfahrungen mit dem Tod eröffnet.

Im Glauben kann die Erfahrung, miteinander nur begrenzte Zeit zu haben, auf Hoffnung hin angenommen werden, weil an der endgültigen Grenze der Zeit nicht das Ende erwartet wird, sondern die Fülle. Diese Erwartung empfängt das in der Zeit Gegebene als Vorgabe. Sie behält diese Vorgabe dankbar in ihrer Erinnerung, nicht um sich an Vergehendes und Vergangenes zu klammern, sondern um sich zu öffnen für den, von dem sie empfangen hat und erwarten darf, daß er sich weiter und einmal endgültig als der Gebende erweisen wird. Das meint für die begrenzte Zeit der Ehe, daß die in ihr geschenkten Erfahrungen gelingenden Miteinanders dankbar erinnert werden in der Offenheit für ein letztes und erfüllendes Miteinander der Menschen in der Zukunft Gottes. Diese dankbare Erinnerung, die nicht zurückschaut, um im Gestern zu bleiben, kann ebenso eingeübt werden wie die offene Erwartung des vollendenden Handelns Gottes in der Zukunft.

Im Glauben gibt es Nähe nicht nur als Nähe der Sinne. Der Glaubende glaubt sich seinem Gott nahe als dem Helfenden und Haltenden, Sorgenden und Bergenden. Wo Liebende glauben, daß ihre Liebe auch in Gott gilt, dürfen sie sich einander auch dann nahe glauben, daß ihre Sorgen und Wünsche, ihr Vertrauen und Danken den anderen erreicht, weil es auch Wirklichkeit in Gott ist und Gott niemandem fern ist. Diese Nähe will allerdings vergegenwärtigt werden. Dies gilt es einzuüben in Abschieden und in Zeiten räumlicher Trennung.

Im Glauben öffnet sich angesichts der Tatsache, dem anderen nicht alles sein und geben zu können, der Weg, ihn den unbegrenzten Möglichkeiten Gottes anzuvertrauen. Auch dieses Einander-Gott-Übergeben kann bereits im Leben geübt werden im Vertrauen, daß in Gott volles Verstehen, heilende Kraft und schaffendes Leben ist.

Im Glauben muß die Tatsache, daß Grenze, Abschied und Ohnmacht auch als Leid erfahren werden, nicht in den Hintergrund des Bewußtseins gedrängt werden. Ohne Leid erklären oder gar wegerklären zu können, öffnet der Glaube einen Weg, Leid anzunehmen in der Gemeinschaft mit dem leidenden Herrn und in der

Leidensgemeinschaft der Menschen. Leid kann vertraut machen mit der Wahrheit der Welt, die in Wehen liegt und noch nicht die neue, endgültig geheilte Welt ist. Und die im Leben durch Leidensbereitschaft und Leidensfähigkeit angegangene Einübung in diese Wahrheit kann vorbereiten auf den Schmerz des Todes des Lebensgefährten und auf den Schmerz des eigenen Sterbens.

Im Glauben gibt es ein Loslassen des anderen, das nicht ein Verlassen ist. Gemeint ist ein Loslassen des anderen in seine Geschichte mit seinem Gott, die, obwohl sie sich auch in der Geschichte der Ehe ereignet, doch nicht nur gemeinsame, sondern immer auch eigene Geschichte ist. Dies anzuerkennen und zuzulassen lockert nicht die Bindung; es ist vielmehr die Weise, in der Christen ihre Bindung aneinander leben, nämlich nicht um füreinander Gott, also der zu werden, von dem sie alles erwarten dürfen und sollen, sondern Zeichen von Gott. Und die Liebe zu Gott, in die Menschen einander frei geben, ist nie eine Liebe, die Menschen voneinander trennt, sondern immer eine Liebe, die in letzter Tiefe verbindet. Auch diese Freigabe kann in vielen Situationen der Ehe geübt werden und dann die Erfahrung schenken, wie die gegebene Freiheit füreinander eingesetzt werden kann.

Wird die im Glauben mögliche Einübung in die Wahrheit des Todes nicht erst in der Nähe des Sterbens angegangen, so öffnet sie bereits den Weg für die Gemeinsamkeit in der Annahme des Todes. Es gehört zu den bedrückenden Folgen der Tabuisierung des Todes im Leben, daß so viele, die einander im Leben nahe waren, in der Nähe des Sterbens des einen die Wahrheit voreinander zu verbergen suchen, sich dann gegenseitig mit Fragen und Ängsten allein lassen und sogar einander fremd werden können. Gegen das bittere Wort, im Sterben werde jeder Mensch einsam, weil er den Weg allein gehen müsse, muß vor allem im christlichen Glauben Widerspruch eingelegt werden. Wo Gemeinschaft des Glaubens ist, bleibt diese Gemeinschaft möglich bis in den Tod. Wo Gemeinschaft der Hoffnung ist, kann die Hoffnung auf Gott miteinander geteilt werden bis zum Letzten. Wo Gemeinschaft der Liebe ist, verbindet die Liebe zu Gott noch über den Tod hinaus. Es gab und gibt eine Kultur christlichen Sterbens, in der sich die Angehörigen um den Sterbenden versammeln, um mit ihm seinen Heimgang zu begehen, ihn darin mit ihrem Glauben zu tragen, mit ihrer Hoffnung zu stärken und mit ihrer Liebe zu begleiten.

Wenn das Sterben zum Leben dazugehört, gehört auch die Annahme des Todes zu dem Weg, auf dem Menschen einander in der Ehe Lebensgefährten werden können und sollen. Die Hilfe im Sterben gehört dann zur Lebenshilfe, die der Mensch dem Menschen schenken kann. Daß diese Hilfe in aushaltender, pflegender, tröstender und haltender menschlicher Nähe geschenkt wird, ist leider schon nicht mehr nur selbstverständlich. Noch weniger selbstverständlich sind zwei einander zugehörige christliche Hilfen, die darum kurz etwas vorgestellt werden sollen: dem anderen den Gott seines Glaubens, seiner Hoffnung und seiner Liebe zeigen und sich selbst dem anderen zeigen in der glaubenden, hoffenden und liebenden Beziehung zu diesem Gott. Dem anderen seinen Gott zeigen meint:

die Geschichte des Miteinanders nun endgültig öffnen für die Zukunft Gottes im Tode;

nun ganz offen werden lassen, daß man dem anderen Zeichen von seinem Gott, Zeichen seiner Liebesfähigkeit, seines Erbarmens und Trostes sein wollte und sein will;

nun die Erwartung sich entfalten lassen, daß Fülle gegeben wird und Vollendung geschaut werden kann; nun ohne Ablenkung auf die Heimat verweisen, die man selbst nicht endgültig für den anderen sein kann und auf die man einander bereiten wollte im Wohnen beieinander.

Und weil für den Sterbenden nicht nur seine eigene Geschichte mit dem Tod Not ist, für die Hilfe des Glaubens notwendig und möglich ist, weil für ihn vielmehr auch die Frage der Geschichte des zurückbleibenden anderen schwere

Not bedeuten kann, kann es wichtig werden, daß dieser Zurückbleibende Zeichen gibt, wie ihm der Glaube bei der Trauer hilft, die ja oft schon vor dem Tode beginnt:

daß er danken kann für die gemeinsame Zeit, ohne sie krampfhaft festzuhalten;

daß er seinem Gott zutraut, den von ihm geliebten Menschen aufzunehmen und glücklich zu machen;

daß er sich nach dem Tode des Sterbenden auf neue Weise von der Nähe des Lebensgefährten umfangen hofft;

daß er nichts Unversöhntes sieht und alle Schuld dem letzten versöhnenden Handeln Gottes anvertraut;

daß er den eigenen Weg auch als Weg hinter dem anderen her weitergehen will und im Vertrauen auf die Kraft des Trostes im Glauben auch weitergehen kann.

Sich so dem Lebensgefährten zeigen, und zwar nicht erst in der unmittelbaren Todesnähe, sondern im oft schon früh beginnenden Prozeß der Annahme des Todes, kann viel Not aus dem Sterben nehmen.

Gerade im Verlangen, dem anderen in Treue nahezubleiben bis in den Tod, wird die Frage lebendig, welche Möglichkeit einem für den anderen bleibt, wenn man selbst zuerst den Weg in den Tod gehen wird und darin Begleitung erfährt, die man so dem anderen nicht wird schenken können. Hier ist im vorläufigen Vorgriff auf die Möglichkeiten christlicher Trauer die Antwort möglich, daß der Tod nicht die Liebe besiegt. Der Herr, in den der Christ hineinzusterben hoffen darf, ist dem geliebten Menschen nahe, und in ihm kommen die Verstorbenen auch neu den Menschen ihrer Liebe nahe, und in ihm können die Zuerstgestorbenen die nach ihnen Sterbenden begleiten auf ihrem Heimgang, sie können sie erwarten und begrüßen in der gemeinsamen Liebe im Herrn. So gibt es die Hoffnung, den anderen auch dann im Leben und im Sterben begleiten zu dürfen, wenn man vor ihm heimgehen wird.

In neuer Nähe leben

In fast jeder Ehe wird einer um den anderen trauern müssen, und dann gehört diese Trauer zur Geschichte der Ehe dazu. Zu einer christlichen Ehe, in der die Möglichkeiten des Glaubens miteinander und füreinander ergriffen werden, gehört auch der christliche Trost in der Trauer um den anderen. Gewiß ist es wahr, daß Trauer den Schmerz des Abschieds und der Scheidung enthält und die Mühe einschließt, ohne den anderen leben lernen zu müssen. Wird Trauer aber nur als Abschied, Scheidung und als Leben ohne den anderen verstanden und erfahren, dann bleiben Möglichkeiten des Trauerns in der Hoffnung unentdeckt und ungelebt.

Christen dürfen für ihre Verstorbenen hoffen, daß ihr Leben, das sie als Gabe zu leben suchten, von Gott angenommen, geläutert und zur Vollendung geführt wird. Sie dürfen dies für ihre Verstorbenen hoffen als Geschenk der Christusgemeinschaft, die im Sterben mit Christus den Menschen endgültig zur Gabe werden läßt, die von Gott aufgehoben wird. Diese Hoffnung umfaßt das Vertrauen, daß die Verstorbenen nicht weniger lebendig, sondern – wenn man so sagen darf – noch lebendiger als die Lebenden sind; daß sie von Lebensleid, Lebenslast und Lebensgrenzen befreit werden; daß ihre neuen Augen ihren Gott und in ihm Fülle der Liebe schauen; daß sie in die Möglichkeiten Gottes blicken, aus der Leidensgeschichte der Menschheit seine neue Welt ohne Leid, Tod und Trauer zu erschaffen. Es liegt schon ein starker Trost selbstloser Trauer darin, nicht beim eigenen Schmerz zu bleiben, sondern an den anderen zu denken und darin Gott hoffend zuzumuten, daß er mit seinem Leben nicht das geringere Glück für den anderen ist. Schon in dieser Hoffnung bleibt die Trauer dem anderen nahe und ist sie nicht nur Abschied, Scheidung und Leben ohne den anderen. Trauer in lebendiger Hoffnung für den anderen läßt das Miteinander nicht abbrechen und erinnert zugleich die eigene Lebenserwartung an die Zukunft Gottes.

Christliche Trauer kann nicht nur einüben, selbst dem anderen nahezubleiben. Sie darf sich hoffend vergegenwärtigen, daß auch der andere dem eigenen Herzen nahebleibt und auf neue Weise nahekommt. Wenn es wahr ist, daß die Lebensgeschichte des Menschen im Tode nicht endet, sondern vollendet wird, und wenn zu einer Lebensgeschichte die eheliche Liebe zu einem Menschen gehört, dann bricht diese Liebe im Tode nicht ab, sondern lebt sie auf neue Weise als Mitlieben mit Gott auf. Durch den Tod geht nicht nur eine Nähe, die schmerzlich entbehrt wird, verloren; es wird auch eine neue Nähe geschenkt, in der der Heimgegangene im Herrn beim Zurückbleibenden bleibt. Von dieser neuen Nähe dürfen Christen erhoffen, daß sie sogar noch Möglichkeiten der Nähe vor dem Tode überbietet: daß der andere nun ganz versteht; daß er nun das, was man ihm schuldig blieb, ohne Rest versöhnt sein läßt; daß er nun immer in und mit Gott da ist und teilnimmt. Diese neue Nähe ist nicht mißzuverstehen als ein Festhalten, das den Zurückbleibenden nicht freigeben will in das von ihm weiterzulebende Leben – evtl. sogar in einer neuen ehelichen Bindung. Es ist eine Nähe, die den anderen in seine neuen Lebensmöglichkeiten entläßt, ohne ihn zu verlassen. So kann diese neue Nähe den Trauernden zum Weiterleben ermutigen; sie kann auch eine Lebensmüdigkeit verstehen, die sich wünscht, mit dem anderen beim Herrn sein zu dürfen.

Der Prozeß christlicher Trauer kann so verstanden und gelebt werden als Einübung neuer Nähe, der eigenen Nähe beim anderen und der

Nähe des anderen in der eigenen Lebensgeschichte. Vergegenwärtigt sich der Trauernde, was er für den anderen hoffen darf, und vergegenwärtigt er sich den anderen als bleibend Nahen, so kann er einen Trost erfahren, der ihn mit dem Verstorbenen verbindet. Es ist immer eine Vergegenwärtigung Gottes und seiner in Tod und Auferstehung Jesu Christi offenbarten Möglichkeiten, und so ist es ein hoffender Umgang mit Gott, in dem der Trauernde dem Gott seiner Hoffnung sein Verlangen für den Verstorbenen und sein eigenes Verlangen nach der Nähe des Verstorbenen zeigt. Da aber im Heimgehen in den Herrn die Person des anderen nicht verlischt, sondern sich selbst endgültig gegeben wird, gibt es in diesem hoffenden Umgang mit Gott auch einen wirklichen und nicht nur eingebildeten Umgang mit den Verstorbenen. Der Verstorbene bleibt anredbar. Der Trauernde kann dem Verstorbenen sein Leben zeigen, ihn teilhaben lassen an Not wie an neuer Freude, ihn einbeziehen in sein Sorgen und Wünschen. Dieser Umgang mit dem Verstorbenen, in dem auch Lebenshilfe erfahren werden kann, ergibt sich allerdings nicht von alleine; er muß gewollt, gepflegt und gegen andrängende Hoffnungslosigkeit durchgehalten werden.

Trauer um einen nahen Menschen ist im christlichen Wissen um das Angewiesensein jedes unvollkommenen Menschen auf das Erbarmen Gottes auch fürbittende Hoffnung. Bei aller

Wertschätzung oder gar Verehrung eines Menschen setzt sie doch immer darauf, daß Gott am Menschen endgültig läuternd und vollendend handelt. Und sie verläßt sich darauf, daß Fürbitte als Ausdruck von Liebe vor Gott und in Gott Kraft hat und den anderen erreicht. In dieser Hoffnung auf Gottes Erbarmen kann und darf dann auch das Vertrauen wachsen, daß auch die Liebe des verstorbenen Menschen vor Gott und in Gott eine Kraft ist, die dem noch in der Zeit lebenden Menschen zugewandt wird. So kann es nicht nur Fürbitte für den Verstorbenen geben, sondern auch ein Anrufen des Verstorbenen um seine Hilfe bei Gott und in Gott.

Christliche Trauer in der Hoffnung auf Gott ist nicht nur weiterer Weg mit dem angetrauten Menschen. Sie ist vor allem weitere eigene Geschichte mit Gott. In dieser Geschichte mit Gott kann eine Zeit notwendig sein, die vor allem oder auch nur Klage vor Gott ist und Gott nichts anderes zeigen kann als unverstandenes Leid. Aber gerade dann, wenn der Tod des anderen darum so schmerzt, weil der andere so sehr als Lebenshilfe erfahren wurde, muß auch Zeit kommen, in der der Dank Raum bekommt – der Dank, daß Gott den anderen Menschen gab und gemeinsame Zeit mit ihm schenkte. So steht eine vor Gott klagende Trauer nicht gegen eine Trauer, die vor Gott zum Dank findet – zum Dank an den Verstorbenen und zum Dank für den Verstorbenen. Beide Weisen des Trauerns sind Geschichte mit Gott und haben ihren eigenen Trost.

Blickt man auf die Möglichkeiten christlichen Trauerns, so gewinnt man Verständnis dafür, daß Menschen, die keinen Gott haben, auf den sie hoffen können, es zu schwer haben können, einander in der Ehe die Wahrheit ihres Todes zuzugestehen und den Weg der Trauer zu gehen. Es muß schwer sein, keinen Gott zu haben, vor dem man klagen und danken, dem man den geliebten Menschen anvertrauen, dem man unausdenkbar Gutes für diesen Menschen zutrauen und von dem man Kraft zum Weiterleben und eigenen Heimfinden erwarten kann. Um so dringender ist es, daß Christen die Möglichkeiten ihres Trauerns in der Hoffnung nicht nur um ihrer selbst willen ergreifen, sondern auch als Hoffnungszeugnis für die anderen.